中国少数民族人口丛书

纳西族

翟振武 主编

蔡晓龄 和建华/著

中国人口出版社
China Population Publishing House
全国百佳出版单位

图书在版编目（CIP）数据

纳西族/蔡晓龄，和建华著．—北京：中国人口出版社，2014.9（2022.7重印）
（中国少数民族人口丛书）
ISBN 978-7-5101-1518-9

Ⅰ.①纳… Ⅱ.①蔡… ②和… Ⅲ.①纳西族—民族文化—中国 Ⅳ.①K285.7

中国版本图书馆 CIP 数据核字（2012）第 288334 号

中国少数民族人口丛书　纳西族

ZHONGGUO SHAOSHU MINZU RENKOU CONGSHU　NAXIZU

翟振武　主编　蔡晓龄　和建华　著

责任编辑　张宏文
美术编辑　刘海刚
责任印制　林　鑫　王艳如
出版发行　中国人口出版社
印　　刷　北京兴星伟业印刷有限公司
开　　本　710 毫米 ×1000 毫米　1/16
印　　张　9.5　插 1
字　　数　134 千字
版　　次　2014 年 9 月第 1 版
印　　次　2022 年 7 月第 2 次印刷
书　　号　ISBN 978-7-5101-1518-9
定　　价　40.00 元

网　　址　www.rkcbs.com.cn
电子信箱　rkcbs@126.com
总编室电话　(010) 83519392
发行部电话　(010) 83510481
传　　真　(010) 83538190
地　　址　北京市西城区广安门南街 80 号中加大厦
邮　　编　100054

序

如果把一个民族比作一颗星星，那我们就是生活在一个繁星满天的世界。当今世界上有约3000个民族，分布在200多个国家和地区，绝大多数国家由多个民族组成。中国也是同样，是由各族人民共同缔造的统一的多民族国家。在漫漫的历史长河中，生活在中华大地上的各族人民密切往来、交流融合、团结奋斗、休戚与共，形成了一个伟大的强盛的中华民族大家庭，共同开发了祖国的美好河山，共同推动了国家的发展和社会的进步。

在中华民族的大家庭中，有56个成员，其中有55个是少数民族。新中国成立以来，少数民族人口一直持续增长。1953年第一次全国人口普查时，少数民族人口总数为3532万人，占全国总人口的6.1%。2010年进行第六次全国人口普查时，少数民族人口总量达到了1.14亿，几乎是1953年的3倍，占到了全国13.4亿人口的8.5%。各少数民族人口数量相差较大，如壮族有1693万人，回族1059万人，满族1039万人，维吾尔族1007万人，而赫哲族只有5354人，塔塔尔族3556人，独龙族6930人。中国各民族的人口分布呈现大散居、小聚居、交错杂居的特点。汉族地区有少数民族聚居，少数民族地区也有汉族居住；许多少数民族既有一块或几块聚居区，又散居全国各地。中国少数民族聚居区大都地广人稀，资源富集。少数民族地区的草原面积，森林和水力资源蕴藏量，以及天然气等基础储量，均超过或接近全国的一半。全国 2.2 万多公里陆地边界线中的 1.9 万公里在民族地区。全国的国家级自然保护区面积中民族地区占到 85%以上，是国家的重要生态屏障。中国各民族的起源和经济、社会、文化的发展有着本土性、多元性、多样性的特点，五彩缤纷，丰富多彩。

要全面认识中华民族，就要从认识每一个民族开始。正是从这个理念出发，我们编写了这套《中国少数民族人口》大型系列丛书，力图从历史、文化、经济、社会等各个方面，用准确、科学、生动的语言，全方位描述和展现各少数民族灿烂辉煌的历史和现状，编织出一幅绚丽多彩的中华民族大家庭的“全家福”。

编写这样一套大型系列丛书，难度非同一般。几经论证和深入研讨，最终形成了编写大纲，这套丛书各个分卷的作者绝大多数由少数民族作家担任，他们不仅熟悉自己民族的历史和文化，而且对本民族有深厚的感情。在国家新闻出版总署、国家人口计生委和中国人口出版社的大力支持下，作者们历经数年，几易其稿，终成此书。值此丛书出版之际，我们衷心地祈愿这幅“全家福”能为民族的交流和团结，为中国的文化建设，为整个中华民族的繁荣昌盛，作出一份微薄的贡献。

翟振武

2012 年 5 月于北京

PREFACE

Every nationality sparkles like a star in the firmament. Now we have about 3000 stars distributed across the world in more than 200 countries, most of which are multinational. So is China, which consists of a number of nationalities. For centuries, all the nationalities have lived together, worked together and fought together, making China a prosperous unified multinational country.

Of all the 56 nationalities in China, 55 are minorities whose population has been increasing since the founding of The People's Republic of China. According to the first census in 1953, the minority population was about 35.32 million, accounting for 6.1 percent of China's total population. By 2010, the number had almost tripled. According to the sixth census, the population of the minorities amounted to 114 million, making up 8.5 percent of the 1.34 billion people in China. The population size of minority groups varies a lot. Some of them have a large population, for example, the Zhuang Nationality has a population of 16.93 million; the Hui has 10.59 million people and the Manchu consists of 10.39 million people. Some of the minorities are quite small, such as the Hezhe, the Tatar and the Drung nationalities, which have populations of 5354, 3556 and 6930, respectively. China's nationalities live together over vast areas with some living in individual, concentrated communities in small areas.

Some minorities'concentrated communities are scattered among the Hans, and some Han people also live in the minority communities. Some minorities may have one or more concentrated communities, while their people spread all over the country. Most minorities'concentrated communities have their people sparsely distributed in large areas with abundant resources. The grassland, forest, water and natural gas reserves in areas inhabited by minority people account for about half of China's total. Further, 19 000 kilometers of the nation's 22 000-kilometer land boundary are in minorities'communities. In addition, 85 percent of the country's state-level natural reserves are in the minority areas, making the people important guardians of China's ecology. Each of the nationalities'origin is unique, and their development of economy, society and culture is full of variety.

Only by learning every aspect of the minorities'lifestyle can we have a comprehensive understanding of the Chinese nation. Under this notion, we write this series of books on the Population of China's Minorities to provide a detailed picture of our Chinese nation, with the glorious past and prosperous present of the country's minorities.

It is through trials and tribulations that we write this spectacular series of books. Most of the authors, who have profound knowledge of the minorities and wrote the books with their strong emotions, are members of minority groups. With the great support of the National Publication Foundation, the National Population and Family Planning Commission and China Population Publishing House, the authors completed the books after years of unremitting endeavor.

On the publication of this series of books, we are looking forward to seeing these books contribute to the unity of the Chinese nation and help our country flourish in the future.

Zhenwu Zhai

Beijing

May 2012

目录

Contents

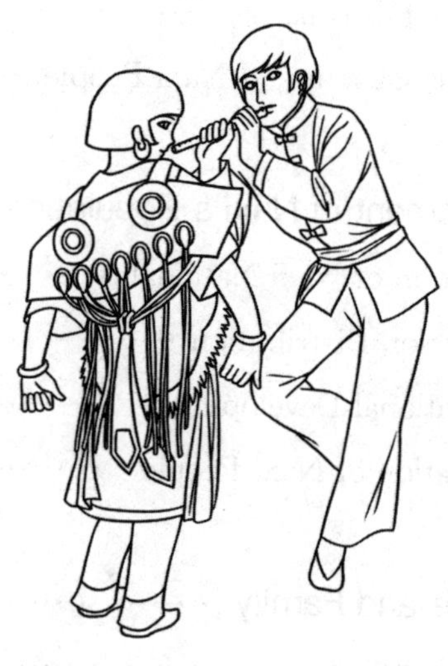

第一章

沿着祖先的脚印——族源和历史

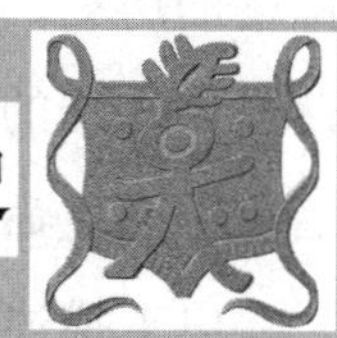

第一节　族源及民族形成

一、你从远古走来

公元前384年，在青海区域内的黄河、赐支河、湟河流域逐水草而居的古羌人部落中出了一个叫作卬的首领。卬预感到了日益强大的秦国将再次雄霸西戎，游牧部落面临被围困蚕食的残酷命运。在生死存亡的关键时刻，他把目光投向了茫茫无际的南部山峦，一个伟大的念头像火种一样萌发，终于燃成了一场扭转乾坤的漫漫大火。卬在离别祖先故土时全身勇气充盈，他不知道等待他们的是什么样的未来，求生的激情在他心中奔涌激荡，他别无选择。茫茫大漠迎来了沙尘迷离的第一轮朝阳，太阳照在身上没有热度，牛羊在人们为它们建造的栅栏或畜圈里踱步，渴望像平时那样奔向无边无际的草地和轻纱摇曳的九曲河流。这一天的内容却跟平时大相径庭，卬指挥着他的部落，拔起帐篷，灭掉火源，踏上了朝南的漫漫征途。这无异于一场致命大赌。此后，卬和他的后人前赴后继南下数千里，经历了300年长途跋涉和无数次绝处逢生的惊险，终于在雅砻江、大渡河流域开创了新的游牧地。这一点是卯无法预料到的，这个结果当初于他只不过是一个朦胧的希望，却作为信念支撑着所有在征途上百折不挠的人们改写了部落的历史。最后这个结果超出了卯的想象，甚至超出了任何一位部落兄弟姊妹的想象，柳暗花明又一村，历史再次证明了“置之死地而后生”是生命哲理中不变真理。

以上描述只是古代羌人大规模迁徙的一次局部聚焦。古羌人在史书中曾被称作“五戎”、“七戎”，经夏商周三个时期，东迁的部落遍布了黄河中游，是形成今天汉族的重要组成部分。西迁的部落称发羌，唐代叫做旄，分戎、羌、堆、博等部，以博为中心融合形成了藏族先民。南迁的部落落脚于蜀汉岷江流域，成为西南各民族的先民，纳西族即其中一支。

蜀汉时期，继续南迁的古羌部落到达了汉源盐源一带，被称作摩沙夷，后来也称作麽些蛮，在水草丰茂的江河峡谷地区开始了游牧生活。到3世纪中后期，部落的力量扩展到了无量河西至金沙江及丽江巨甸一带。5世纪后期，泥月乌率众入住永宁坝子及泸沽湖地区。7世纪初，叶古年的部落进入了今天的丽江坝子繁衍生息。由此可以看出纳西族跟古羌民族的血缘关系。

金沙江流域是西南少数民族的发源地之一。古代西南民族的族系分为“夷”与“羌”，其中的旄牛夷、白狼夷是历史学家认定的纳西族先民。

1956年和1964年，在丽江木家桥发现了“丽江人”股骨和头骨化石，经专家鉴定，认定为10万年前的古人类化石。这一重大考古成果证明，在10万年前的丽江区域已有属蒙古人种的古代人群生活在那里。多项出土文物显示了生存于丽江坝子和泸沽湖地区的古代先民曾经创造了较为先进的文化。

历史的脉络终于日渐清晰，我们可以得知，今天的纳西族跟古羌、夷以及居住在远古丽江区域的原始人群之间有着千丝万缕的联系，纳西民族是在漫长历史演变历程中诞生的多血缘融合的民族，这一神奇的血缘融合史实决定了纳西民族聪慧开放、善于学习、勇于创新的民族精神，正是这种民族精神为纳西族的社会文化发展储存了充足的实力，提供了强劲的动力，使得一个人口仅三十万人的民族能够保存并创新自身文化，并取得了今日“三项世界遗产”所在地的殊荣。

二、神奇地从洪水中再生

纳西族的创世神话《创世纪》，堪称古代纳西族社会的百科全书。从世界起源、万物更生、洪水浩劫到创建人类社会，是纳西族先民对古代社会生活生动记忆的完整体现。

《创世纪》是东巴经中的经典之作，有着不可忽视的历史文化价值，同时也有极高的艺术欣赏价值。气吞山河的崇忍利恩在密封的羊皮筏子里躲过了洪水浩劫，幸存人间。为了给人类繁衍后代，他到处寻找适合做他妻子的女人。他先遇到了美丽绝伦的天女，可结婚之后生下的却是青蛙和蛇。后来他遇到了天神的女儿衬红褒白，与她一见钟情，跟随她到达天庭，藏身于繁华的神仙世界。天神子劳阿普对这个来自人间的凡俗之辈嗤之以鼻，设计了一个个阴谋想要置他于死地。智慧过人的衬红褒白暗中指点丈夫如何应对父亲的诡计，使丈夫逢凶化吉、遇难成祥。子劳阿普最后不得不认可他们的婚姻有效，却要崇忍利恩留在天上享福，不再管人间的事情。崇忍利恩带着衬红褒白，战胜了情敌可洛可欣的阻挠来到人间，先除秽，再种植，开辟田园，生儿育女，白手起家再创人间世界，成为了纳西人的始祖。

这个故事不仅家喻户晓，而且是学者、专家研究纳西族古代社会的宝贵资料。世界起于气、万物生于蛋的描述表达了朴素的唯物史观；

洪水惩罚人类、唯有崇忍利恩藏身小舟幸免于难的故事跟西方的诺亚方舟故事有异曲同工之妙，反映了当时人类与自然的关系和人类良知与原始道德观念的生成情景。崇忍利恩寻妻几度失败见证了在生产力水平极度低下的蒙昧时代人类生存繁衍的顽强艰辛，也表达了纳西民族早期的价值观与审美观。崇忍利恩独上天庭娶走天女衬红褒白的经历从侧面浮现出古纳西社会曾处于母系制女性为尊的历史阶段，由此衍生出了该民族尊崇女性的文化传统。崇忍利恩夫妇所生的三兄弟分别为藏族、白族、纳西族祖先的结尾暗示了三个民族之间唇齿相依、血肉相连的关系，历史材料也证明几个民族间的血缘关系并非无稽之谈或凭空想象。天女衬红褒白一次次帮助崇忍利恩破除天神子劳阿普的圈套，则表明了纳西人已经从单纯的体力崇拜的原始意识中觉悟成了智力的作用，把智慧定位到了更高的价值尺度。

《创世纪》庞大严谨的故事结构表明纳西族的叙事能力与叙事技巧已经达到了相当高的水平，不亚于现代长篇小说的容量与规模。故事内容广泛涉及哲学、政治、经济、医理、巫术、人际关系、朴素道德观念、家庭、所有制形式、民间仪式、男女情爱、生产劳动细节等，鲜明体现了宏大叙事的史诗风格和生活画卷的细腻生动的完美结合。正是凭着勤劳、善良、聪慧、坚强的民族品质，纳西族创造了特有的民族文化，今天的丽江成为了国家改革开放三十年十八个典型之一，正在发展为著名世界遗产地和旅游目的地。

三、扑朔迷离送魂路

人类种群与动物种群的本质区别在于集体记忆保存的书写而显示的历史连贯性。当种群活动到达高级阶段时，集体记忆由点连接成线，蔓延渗透为板块，相互连接成连贯有序的历史画卷，这就是一个民族的历史记忆。

无论是口传文学中的生活画面还是民俗活动中的独特细节，都是历史的折光，从中可以反照出民族生活的种种印迹。

每个纳西人一生最重要的仪式是葬礼。传统纳西族葬礼空前隆重，东巴祭司要主持冗长的法事，目的是将死者的灵魂送回祖先居住的地方。祭司在庞杂吟诵中提到了一个又一个地名，这些地名所指的地方都是真实存在，地名排列的方向大致为由南向北。专家发现，将死者一程程送往的地名连成的路线正好与纳西先民的迁徙路线吻合。东巴经书中描绘了三条迁徙路线，而三条送魂路线在到达某个地方后，共同的去向是北方，说明其先人的迁徙是从北到南在漫长历程中逐渐完成的，而且有多条迁徙路线。由此可以证明，送魂仪式的实质是对纳西民族远古历史的重温，是民族集体记忆的重要组成部分。送魂吟唱最终抵达北方大地上美丽的达吉神湖和居那若罗神山，专家断定它们分别是贡嘎岭和青海湖，再次验证了纳西民族与西北地区的深刻渊源。

血脉生动的历史已成往昔，其细节已经不可捕捞。但民族命运的奥秘却藏在民族文化的每个细胞里神秘地传承着。

第二节　经济生活的变迁

一、游牧经济阶段

9 世纪以前的纳西族社会处于奴隶制发展成熟的时期。这一划时代的历史转折从 3 世纪蒙醋醋占据巨甸开始，到 6 世纪叶古年入住丽江坝形成基本格局，在此基础上发展成了长江流域纳西族分布的三大区域——丽江东部、西部以及泸沽湖周围地带。这个时代最为显著的特征是畜牧业的发达。那时散居的原始部落以“家”为单位，拥有大量牛羊，大畜群的主人演变为牧主。大批畜群远到南诏境内交易，大受

欢迎。

元代以前的纳西族社会以游牧经济为主，以渔猎、采集及农业生产为辅。东巴经中有大量资料描写到牲畜饲养、放牧、兽医兽药及与家畜和动物相关的内容。与此同时，东巴经中还出现了牧主与牧人阶级关系的表述。

唐宋时期，丽江、大理一带“牛马被野”，丽江的对外贸易大宗仍是畜产品，滇西北与滇东北、滇西南并称南诏三大畜牧区，一直到20个世纪70年代末，我们每年依然可以看到丽江骡马交易会牲口漫山遍野、马粪味沁入每寸空气的盛大场景。宋朝已开设专门的马市交易牲口，官方用马大都从丽江引进。到南宋时，由于需求的剧增，马匹外供每年达3000匹，从此丽江马闻名遐迩。

畜牧业的发达使丽江大地生机勃发，牛羊遍野、绿草铺地、鲜花繁盛曾经是丽江最常见的风景画。如今，在丽江的广大山区，这样的风景依然荡漾于山野田间，牛、羊、猎狗、骡、马仍然是纳西族人最亲密的伙伴，在大自然朴素、温暖的怀抱里，游牧文化余音袅袅，这里还曾经演绎过茶马古道的浪漫传奇，为这片神奇的土地增添了新的色彩。

二、农耕与父权制的完成

从游牧到农耕的转型意味着生产方式的重大变革，这是人类社会进步的标志。

刀耕火种是农业的起源。耕作的最初形式简陋原始，烧光一片山坡，戳一个洞扔进种子，然后听天由命。云南的一些少数民族地区到20世纪50年代还在这种原始的耕作形式里滞留、徘徊。东巴经中有大量有关劳动工具的记载，如锄头、镰刀、梁架、犁耙、筛子等，反映了纳西族当时的生产方式已经相对先进，农业文明正在走向成熟。实

际上丽江是在唐代开始进入铁犁铁剑时代的，其标志为唐开元年间建立了第一个纳西族奴隶制政权“越析诏”，为当时六诏之一，随后并入南诏。铁器的使用推动了社会经济发展，也引发了对私有财产的强调与继承意识，促使社会完成了从母系制向父权制的过渡。人口的繁衍增加，对粮食的需求量加大，定居耕作成为人们的普遍选择，这是农业发展的前提，也是社会发达进步的必然要求。从那以后，丽江一直保持着与南诏的同步发展，农业发展的速度加快、规模加大，家庭模式和所有制形式日益稳定，父亲的家长地位越来越突出，以父系为命脉的血缘家庭最终确立了稳固的位置。值得注意的是，历史的脚步从远古走到今天，纳西族地区却从来没有彻底脱离畜牧生产，当农业成为丽江经济的支柱时，畜牧业一直是其强大而有力的辅助与支撑。

三、封建领主制阶段

从元朝到1723年，纳西族社会经历了封建领主制经济社会形态的发生、发展、衰落过程。以发达的农业为先导，畜牧业、手工业、盐业、冶炼业齐头并进，封建领主制经济模式初步形成，地方土酋的政治势力集中上升。1253年，忽必烈的军队进军大理途经丽江，纳西族部落归顺中央王朝。1276年，设丽江路军民总管府，木氏世袭总管职位。1384年，木得被封为世袭丽江土官知府。此后数百年，明朝政府信任并支持丽江木氏向四方扩展势力，木氏渐渐发展成为滇川藏交界处国家政治统治的强有力屏障，对稳定边地起到了关键作用。

从元末到清初，木氏的地盘上建立了许多大庄园，特权阶层出现，土地属土司和庄园主所有，耕作的农民实际上充当了农奴，贫富悬殊突出。丽江的大量民间文艺作品就诞生于这一时期，描述了阶级对立与民间苦难，苦情、怨情的表述与反抗的呼声此起彼伏。

木府　（潘宏义摄）

四、地主经济阶段

清雍正元年（1723 年），清政府在民族地区实施“改土归流”政策，木氏土司府被降为通判，政权由流官知府执掌。这意味着纳西族地区的社会经济形态大踏步地向汉族地区靠近。流官的统治带来了汉文化的具体形式，也改变了纳西族地区的生活观念。在丽江、永胜的坝区，生产力水平较高，人们的生活方式相对便利，与周边县的相互影响推动了地主阶级的萌芽与发展。而广大山区和东部地区，依然是封建领主制占上风。无论东部西部，纳西族人民都生活在艰难困苦中，地主和封建领主占有了土地、水源及其他生产资料，劳苦大众创造了物质财富和精神财富，却不能拥有对财富的所有权与支配权，极不合理的社会制度把纳西族社会推向了封建制度的尽头。

第三节　现当代重要事件

一、丽江解放

1948年，在中国共产党云南地下党组织领导下，纳西族人民在农村建立了“农民抗敌协会”等组织。1948年7月，丽江成立了中共丽江县工委，杨尚志担任书记，郭耀南、李刚为委员，这是纳西族地区第一次有了中国共产党的县级组织。1949年1月，和万宝受省委委派担任丽江县县委副书记，加强了丽江县委的工作实力。4月，中共云南地下党领导的武装力量解放了丽江邻县剑川，建立了滇西北第一个革命根据地。5月，丽江召开万人大会并举行游行示威，促使原丽江县长习自诚更加靠近人民。6月28日，经过详细谈判，政权和平移交。7月1日，召开了数万人参加的大会，宣告丽江和平解放。1950年春，人民解放军进驻丽江县，丽江历史进入社会主义新纪元。

相关链接

1. 杨尚志（1915～1986年）

杨尚志是丽江拉市吉余村人，1935年考进黄埔军校第五分校，1937年毕业后留校。1939年加入中国共产党，1940年入狱，经组织营救后于1944年出狱。1946年与李公朴、闻一多等进步学者一起为民主运动积极奔走。1947年回到丽江中学任教。1948年任中共地下党丽江工委书记。1949年任边纵七支队35团团长兼政委，后任七支队副司令员。1950年任中国人民解放军丽江边防军分区副司令员。1951年到南京军事学院深造。1952年后受到错误处理，在丽江师范学院担任图书馆管理员。党的十一届三中全会后，杨尚志得到党组织的彻底平反。1979年当选云南省省政协委员。1981年任丽江地区行署顾问。

2. 和万宝（1923～1996年）

和万宝出生在丽江金山乡，1945年参加革命，1948年加入中国共产党。在西南联大学习期间积极参加爱国学生运动。1949年受党组织委派到滇西北开展地下革命活动，为滇西北的解放建立功勋。担任过中共丽江县县委副书记、丽江地委委员、地委秘书长、地委常委、地区行署副专员、全国人大代表、民族委员会委员等职。难能可贵的是，和万宝长期支持民族文化的挖掘、整理、保护、传承工作，在他的倡议下，组建了云南省社会科学院东巴文化研究所，为丽江的文化传承和腾飞作出了不可磨灭的功绩，至今为人们所称道、缅怀。

二、“二三”大地震

1996年2月3日黄昏，突如其来的大地震袭击了丽江，震惊了世界。这是丽江在新中国成立以来最大的一次自然灾害。

刹那间，灾难突降，地动山摇，玉龙崩摧，金沙断流；尘土遮天蔽日，哭喊动地惊天！九秒钟，仅仅三次深呼吸的时间长度，村庄夷为平地，家园一片废墟！多少乡亲埋在断壁残垣之下，多少家庭被鲜血伤痛撕碎！山水田园的梦境，天人合一的酬唱，全付与苍天怒吼，大地悲歌……

地震震级为7.0级。波及4个少数民族地区，受灾人口约100万，给丽江的人民群众的生命财产造成巨大损失。截止至当月8日，灾情最严重的丽江纳西族自治县已经死亡233人。

地震发生不到24小时，国务院副总理吴邦国亲临丽江部署救灾工作，慰问灾区人民。党中央、云南省委省政府、国内外机构组织纷纷作出反应，大力支持丽江救灾与恢复重建工作。丽江3年恢复重建共完成项目1171项，投资16.7亿元。1996年当年就完成了67 310户民居的就地重建和修复工作，发放补助资金12 123.53万元。财政部和民政部协调拨出特大灾害救济款1000万元，国家计划委员会拨出应急救灾款1000万元，国家经贸委协调拨汽油、柴油5000吨；民政部拨出棉衣10万件、帐篷100顶，解放军三总部、成都军区、云南省军区共同支援衣、褥等共3000件，帐篷240顶。全国人民（包括香港、澳门同胞）、海外侨胞纷纷捐款捐物，一些国家、地区、国际组织、民间组织及友好人士也纷纷伸出友谊之手，捐赠了大量资金和救灾物资。

纳西族人民不会忘记那段恢复重建的艰苦岁月，在那些日子里，每一个纳西人日以继夜地劳作开垦，把鲜血和汗水尽情抛洒在这片魂牵梦绕的土地。他们是战士，是时代的英雄，是神话的主角，是创造奇迹的丽江儿女，是顶天立地的纳西人！

经过三年恢复重建，一个崭新的丽江巍然屹立在世人面前。这是当代丽江人创造的奇迹。

三、撤地设市

随着丽江地区社会经济文化快速发展，对外交流日益频繁，旅游产业不断升级，人口与资源等社会问题更加多样化，原有的行政格局越来越难以适应经济社会发展的需要。2003年，丽江地区根据党中央及云南省的安排部署，实行“撤地设市”。原丽江地区下设四个县，分别为丽江纳西族自治县、永胜县、华坪县、宁蒗彝族自治县，丽江地区行署所在地为丽江县大研镇。自撤地设市起，丽江地区行署改为丽江市人民政府，管辖“一区四县”，即原丽江纳西族自治县分设为古城区和玉龙纳西族自治县、永胜县、华坪县、宁蒗彝族自治县，市政府所在地为古城区，玉龙纳西族自治县政府搬至离古城区不远、正在建设中的玉龙新县城。从此丽江的历史翻开了新的一页。

四、制定六大发展战略

丽江市在制定“十二五”规划时，明确提出了战略发展方向：加快国际生态产业化基地、清洁能源产业基地和国际精品旅游基地的建设。这一切的核心是建设大西南桥头堡的重要窗口，使丽江成为一面旗帜，一个排头兵和榜样。作为窗口，它代表着区域的形象，展示着区域的文化水准和经济水准，引领着区域的发展方向。在丽江开创了自身的发展之路并取得明显效果的基础上，2006 年 8 月，中共丽江市第二次党代会上提出了“文化立市、旅游强市、水能富市、和谐兴市、人才推动和全面开放”的全新发展战略。这是丽江城市品牌打造提升的关键性发展新思路，它准确抓住了丽江的地方特色及其发展优势，扬长避短，全面发展，综合协调，要点鲜明，以文化为立市之本，大胆创新，定位精准，观念领先，为丽江成为我国改革开放十八个典型之一奠定了思想基础。

第二章

灵魂的港湾——纳西文化[①]

第一节 宗教信仰

纳西族为了感恩天父，感恩大地，形成了祭天和祭署的传统。署是自然神的名称，传说署族与人类同父异母，有血缘关系，署常常化身青年男子前来与人间女子同宿。由于人类的贪婪破坏了署族的地盘，人类对署族怀有歉疚之心，便通过祭署仪式来向署族道歉，求得谅解。

向署族道歉，也就是向大自然道歉。纳西族人认识到了人与自然必须和谐相处的道理，通过祭署仪式反省自身的行为，限制向自然的无限度索取。在纳西族传统社会里，人们爱护水源，不许在水源处洗任何不干净的东西。当一个老人必须为自己打制棺材时，他砍倒一棵大树，同时要种植几棵甚至更多树苗以示“还债”。

纳西人生于大地，葬于大地，来自于自然，又回归自然。

纳西人的神话和纳西人的原始哲学体现了先民对世界和人生富有艺

① 纳西族文化中的一个显著特征就是不同民族相融一体的多元化，多元化中又保持了各种文化鲜明的个性。自元代，特别是明代以来，丽江逐渐成为纳西族文明的发展之地，是历史上纳西族政治、经济、文化的中心，本书中纳西族文化的涵盖范围以丽江纳西族文化为主要对象。

术意味的理解。自然当然是他们关注得最频繁最动情的一个对象。纳西人虚构了“署”的思维体系，设计了一种微妙的关系——同父异母，以此来界定人与自然的关系及各自的位置。具体地说，自然力人格化了，叫作“署”。署是一个生命种群，与人类相生相随，而且具有神力。当人类的作为到了令署族忍无可忍的地步时，署族就会用灾难报复人类。今天，当我们在现代化进程中一边享受着现代文明带给我们的物质利益，一边对自然灾害的日益升级感到困惑、恐惧时，我们对纳西族古老哲学就会有更加深刻的理解，并为自身与自然关系的恶化猛醒自责。

纳西族人信奉东巴教、喇嘛教、佛教、道教、三朵神，崇尚万物有灵，尊奉自然万物，敬畏鬼怪魔力，多信仰而不痴迷，在文化上能够博采众长，广泛吸纳，有强烈而深刻的民族自觉意识。

一、东巴教

东巴教是产生于丽江本土的原始宗教，它最初产生于纳西先民的“泛灵信仰”和古老的巫术，后演化成基于灵魂观念的“万物有灵论”，以自然崇拜和祖先崇拜为特征，发端并延兴于民间。东巴教的祭司称为东巴，是人群中的智者能人，上通天文地理，下熟生存百技，平时劳作于田间山野，一旦有红白喜事，则变身神职人员为他人免灾祈福、超度治病，身兼多职。纳西人自创的象形文字东巴文是至今世界上唯一还在使用的古代象形文字，由东巴文记载下来的东巴经被誉为古代纳西社会的百科全书，列入了世界记忆遗产名录。东巴教中的神灵众多，分出各种系列，各司其职，没有至高无上的最高权力神。东巴教没有系统教义，没有组织形式与庙宇，它存在于民间，神职人员也只是凡俗世界的普通一员，不享有特权。东巴经是东巴在宗教仪式中使用的经文，流传下来的有数百卷两万余册，是纳西民族留给世界文化宝库的珍贵遗产。

二、喇嘛教

摩梭人的转经　（潘宏义摄）

喇嘛教即藏传佛教，由于丽江与藏区在地缘上相连，所以两地在宗教文化上多有亲和。喇嘛教元末开始从川西传入纳西族地区。明朝木氏土司统治时期，随着地方势力的发展强盛，加强了与藏传佛教的联系，捐资建寺，刻印经典，使各个教派都在纳西地区找到了生存发展的空间。清朝以后，丽江一带喇嘛教的势力大有发展，建起了噶玛噶举派十三大寺，组织严密，等级分明，拥有田产，喇嘛上层大权在握，寺院的规模大大拓展，信众众多，平民子弟为谋生路多有选择当喇嘛者。金沙江以东的纳西支系摩梭人全体信奉喇嘛教，家家设有经堂，虔诚供奉如藏区居民。丽江境内的八大寺都是喇嘛教庙宇，香火鼎盛如昔。

三、汉传佛教

历史资料显示，汉传佛教在明代初年开始传入丽江地区，这与纳西族人接受和普及汉文化的情况有着密切的联系，木氏土司崇尚汉文化形成风气，他们博学多才，广交汉地名流高僧，提倡民间学习汉学，是五台、普陀、峨眉、九华、鸡足等国内佛教名山之大施主。改土归流之后，地方长官由来自异乡的汉族官员担任，汉传佛教更加被推崇，

上行下仿，村村有寺，大寺有和尚，小寺有庙祝。社会上层和知识阶层多信奉者，民间有初一、十五吃斋念经的习俗。

四、道教

丽江木氏土司对文化有着广泛兴趣。从明代中叶起，木氏土司在丽江修建多座道观神庙，丽江壁画和纳西古乐的重要组成部分是道教题材。改土归流后，与汉传佛教进入丽江纳西族地区一样，随着纳西族人接受和普及汉文化的水平的提高，道教庙堂与日俱增，如文昌宫等著名道教建筑的修建，信徒组织洞经会，成员多为官绅富豪子弟，由最高长官担任会长，以示对文化的注重与自身情趣的高雅。皇经会先于洞经会开展活动，其成员多为文人和手工业者，地位低于洞经会。丽江纳西古乐的重要成分之一就是流传于这一地区的道教洞经音乐形式，由于交通的阻隔和文化传承的特殊性，使得这一文化瑰宝在边远民族地区得以妥善保护与传承，不能不说是一个奇迹。

第二节　祭祀仪式

一、祭天

纳西族是崇尚天的民族，祭天因此成为纳西族民族自识与民族凝聚的核心标志。

祭天是纳西族人民最隆重的传统习俗，在古老的东巴经里已有祭天的记载和描述。在纳西人聚居的地区，村村都建有专门的祭天场所，一般是选取一个方形开阔地面，在其中心区域深挖墙沟，修筑泥石墙，墙内外自然分为外场和内场，内场大小按祭天人数多少来设定。内场的正北设一个高台作为祭台，台分两级或三级，高台栽种（或摆放）

神秘的东巴祭祀仪式　（潘宏义摄）

象征天权的神树，安放神石和神米篓；中台供奉祭品，插置小香条；下台插大香，置放更多祭品。外场修筑外围墙，留有出入口，设有供奉祭品的祭台和专用的杀猪板。围墙外林木森森簇拥，形成天然的风水净地，这里的一草一木都不可挪动侵犯，不许轻易践踏，不许污染，除祭天时候不得进入冒犯。城镇附近的村庄受环境限制不能设专用祭天场，改为各户轮流做祭主，在家院里搭建祭天棚，主持祭天仪式。

在同一个祭天场内祭天的人群称为祭天群，一般按居住区域来划分，显示血缘概念已逐渐被地缘概念所代替。不同祭天群有不同的祭祀时间，但不得超过正月十四。祭祀分为大祭和小祭，春祭和秋祭，平时祭和节日祭。

大祭一般从正月初九开始。吃过晚饭，各家先在家里用香草熏染

除秽，燃香祈祷，取白米倒于干净箩筐，叫作量神米。主妇在油锅里做炸糯米糕，在米篓中插上香条。吃过点心，男子们背起米篓、炸糕、酒坛前往祭天场，每户留一人彻夜守护。第二天清晨点起大香，日出时分，老少男性和14岁以下女孩集聚在祭天场跪拜神树，由主持人带领诵经，奉献祭品。当晚将生猪、生鸡等活祭品送往祭天场备用。第三天为大祭日。前帮人马盛装聚集祭天场，洗手上香，按顺序排列，在主祭人指挥下开始念经朝拜，献上新鲜活牲。用熟食献祭于外场北祭台祭献神鸟。仪式过后，以户为单位围坐进餐。饭后将树叶插在头上，念着口号从大路返回，到自家门口后与其他人相互祝福告别。正月十二小祭，将一头猪送到祭天场备用。正月十三重复祭祀仪式，表示对前天的遗漏进行补救。午饭后带剩余物品回家祭祖。正月十四，每家出一人，送一只鸡到祭天场祭灶，清理祭天场，熄灭火种，保持整洁。

相传纳西始祖崇忍利恩和衬红褒白结婚后很长时间没有生育儿女。天神指点他们举行祭天仪式，他们夫妇如法炮制后如愿以偿生了三个儿子。儿子长大后却不会说话，始祖夫妇又举行祭天仪式，果然三个儿子开口说话了，老大说的是藏语，老二说的是纳西语，老三说的是白族话，于是三个儿子分别成为三个民族的祖先。

祭天仪式的宗旨是祈求人丁兴旺、民族团结、人畜安康。通过仪式，同血缘或同地缘的人们加强了凝聚力，相互认可并强调彼此间的关系，增强了同甘共苦的意识，有助于民族向心力的形成。

二、祭署

纳西族的原始宗教认为万物有灵，大千世界神灵无所不在，自然万物的化身叫作“署”，与人类是同父异母的兄弟。祭署是对大自然的道歉，因为人类生存消耗了自然资源，损害了“署”族的利益，所以

要用仪式表示道歉和补偿。祭署仪式在农历二月上旬择龙日或蛇日举行，地点选在集体水源地，由司祭东巴用炙烤羊肩胛骨的方式来选定，祭司助手则固定使用某个熟悉仪式规程的人。祭祀用品有黄酒、木牌、酥油、牛羊奶、谷物、面饼、糯米饭、爆荞米花、黑色公羊、公鸡母鸡等。

祭场分神坛（北）、署坛（中）、鬼寨（南）三部分。仪式共举行三天。

第一天，全体男子打扫祭场，在东巴祭司助手的指导下安置祭木、木牌，布置道场。参与祭祀的东巴们跟随主祭东巴绘制木牌画。神坛布置完毕后，留专人在祭场守夜。

第二天清晨，全体人员洗脸吃早饭，然后汇聚到祭场举行除秽仪式。香火油灯火把齐燃，场面热闹。东巴开始诵经，助手持火把绕场地熏除秽气。随即迎请神像面偶，请求神灵加持威灵。洒祭粮，献祭酒，给鬼饭，献牺牲羊。众人敲锣打鼓回村，挨户除秽。东巴向人群洒水以示吉利免灾。所有人集中回到祭场，迎请战神驱除鬼魔。人人过九道鬼门，洗脸、眼、手，象征去除污秽、邪魔。主祭东巴朝每个人涂抹酥油面粉，预示洁净无瑕。众人绕火堆行走，将鬼魔送回原住地，使其不得侵害人类。打扫鬼寨，清洁地面，以迎接署神来到。

午饭毕，众人洗脸漱口，同正北迎接署神。待太阳下山，法号响起，灯火齐燃，香烟缭绕。主祭东巴诵经请署神降临，献祭，锁寨门，意为请贵客吃饱喝足后安歇。

次日拂晓，主祭东巴唤醒署族贵客起床，诵经，开寨门锁。青年男女跪拜。其他人吹奏乐器，敲打锣鼓法器，主祭东巴在欢乐祥和的气氛中诵经，讲述人类和署族的手足亲情，祈求友好往来，人畜无灾，风调雨顺。最后将署神送回原地，东巴向在场的人抹酥油面粉祝愿平安吉祥。收拾现场完毕，每户带回一小瓶黄酒，献给火塘上方的家神。

从祭署仪式可以看出纳西人的聪慧，他们所抱定的那种朴素、合理的自然观以及对自然与人类关系的说教具有卓越的进步性，也正是因为有这种说教在民间的广泛约束力所产生的作用，丽江的自然景观才保存得那么完好，丽江的民族文化才有那么大的魅力，丽江才会被世人公认为理想的天堂。

三、祭风

祭风是东巴仪式中的重要项目，用于超度殉情而死的青年男女。因此，祭风是严格禁止观看的仪式，以避免人们受到感染而仿效殉情者的作为。由于其特殊的职能，该仪式充满了神秘性与传奇色彩。

古代的纳西儿女在婚前可以自由结交异性，婚姻配偶却要由父母决定。往往有青年男女在婚前相识，进而相爱，有了深厚感情，却不得不听从父母之命、媒妁之言，背弃相爱之人而与指定的伴侣结合，留下终身的憾恨。这样一来，就不时有一对对发誓同生共死的情侣相约殉情。殉情计划被严格保密，在正式行动之前，男女主人公装得若无其事，使周围人看不出任何异常，渐渐不存戒心。到了约定的日子，主人公神秘地不知去向，家人发现后马上组织人四处寻找。一般情况下，以死殉情的主人公心意坚定，

东巴教祭风仪式的祭坛　（潘宏义摄）

悲剧难以扭转。在某个风景如画的地点，殉情者的遗体被发现后，家里人为他们操办丧事。为了使殉情者的灵魂顺利到达理想中的玉龙第三国，悄悄到来的东巴在选定的场所（一般是在当事人家里）堆土，插木牌、木桩，布置道场。要专设一个祭台，摆放亡者相片和贡品。两棵树经过精心装饰，挂满亡者生前使用过的或喜爱的小件物品，它们是男女主人公的化身。夜深人静之时，东巴开始念诵《鲁般鲁绕》长诗，传说死者会在这个时刻受到感召，来到现场向生前的一切告别，感谢父母长辈的养育之恩。关于这种仪式曾经有过许多传说、奇闻，俄国人顾彼德在他的著作《被遗忘的王国》里对祭风场面有过极为生动、具体的描述，他甚至写过一个为前方战死的未婚夫殉情的姑娘被家人送来请求抢救的真实事例，在古城开着免费诊所的顾彼德眼看着姑娘一步步走向昏迷，在巨大的痛苦深渊挣扎，顾彼德使尽百般解数却无法起死回生，那种荡气回肠的灵魂震撼使无数读者倾倒，深陷其中而难以自拔。祭风之后，亡者的灵魂被超度到玉龙第三国的自由世界，不再干扰亲友的现实生活，亡者亲属从此放下怨恨，尽释前嫌，和平共处，继续生活。

四、祭素

人类不仅对自己的肉体存在这一事实有清晰的认识，更奇怪的是，历史上的任何一个人群都不约而同地把自己的精神世界看作灵魂的居所，甚至把灵与肉分开，把人的存在及其生命历程看作在肉体和精神两条道路上并行。人类对灵魂的关注细化为衣食住行中的诸多环节与细节，形成民族或人群的文化传统及与众不同的精神生活风貌。

一个特别的现象引人注目，纳西人对灵魂的认识是以家庭为单位的，这一点使接触到它的人们感到无比神奇。在纳西人看来，每个灵魂都属于一个家庭，它必须栖身于家庭，组成全家的集体灵魂，然后它的存在才有保障和归宿。“素”是纳西族每个家庭的集体灵魂的象征物，俗称家神。旧时的纳西族家庭都在自家火塘上方置一竹篓用来存放“素”，内装素石、素桩、素绳、素箭等物。全家有多少人，就有多少根素绳，它们系在一起共同组成全家人的“素”魂。

当有人去世，要把代表本人的素绳解除、分出，表示他已经不属于这个家庭。女孩出嫁时，要举行分素仪式，也就是把女孩的素绳分出送往婆家，同时婆家也要举行迎素仪式，迎娶女孩的灵魂，将其素绳系到婆家素篓内，表示她从此从灵魂到肉体都已属于婆家。离婚的女子回娘家过年，因为她的灵魂在婆家，所以娘家的素神视其为外人，她在吃团圆饭的时候要戴上草帽斗笠之类遮掩面目，以免惊扰素神。除非已决定与婆家断绝，否则怀孕的女子不能回娘家生产，因为婴儿的灵魂落生家外，不被外公家的素神承认，婴儿父亲家的素神也没法正式接收这个新诞生的灵魂，这个灵魂找不到归宿，会在外面游荡丢失，对婴儿非常不利。旧时有人深夜回家，先要到火塘里添一根柴，表示向素神报到已归家。

独特的祭素仪式体现了纳西族对血缘和家庭的重视，对“素”的神化和集体化强调了家庭的一体性和家庭成员的平等性与利益共同性，有助于社会稳定和民族向心力的凝聚。

第三节　多元共存的文学形态

一、绚丽多彩的民间文学

1. 神话传说

神话是人民对自然力的想象性征服之意志力的物化显现。在生产力水平非常低下的人类社会初期，人群的生存受到了自然外力的严峻

胁迫。由于科学技术不发达，很多自然现象得不到科学的认识，便被想象为某种超然力量作用的结果；同时，人类把自己在自然外力面前的无能为力转化为在神话中对自身力量的放大肯定，这就是神话中总是以叱咤风云的英雄为主角的原因。这些来源于现实的英雄被抬高，被赋予神力，与洪水、怪兽、灾害（自然力象征物）殊死搏斗，在英雄形象身上寄托着人们征服自然的意志和顽强生存的自信心。在神话传播过程中，人们通过讲述和欣赏神话获得信心与力量，鼓起了勇敢斗争求生存的勇气，神话因此为百姓所喜闻乐见，得以长期流传。

纳西族神话非常丰富，大致可分为民间口传神话和东巴经神话两大类。按内容分，主要有创世神话、动植物神话、神灵神迹神话、自然物象神话几类。代表作品有《太阳月亮的来历》、《人狗换寿》、《顶靴力士》、《创世纪》、《黑白战争》、《鲁般鲁绕》等。《人狗换寿》的故事家喻户晓，说上天给万物分寿岁时，人类昏睡错过了时机，只得到十五岁寿命。人类不甘心，向上天申诉。上天同情人类，教他们找其他物种交换寿岁。人类觉得狗所得到的六七十岁最令人满意，就跟狗谈判，许诺供养狗，满足狗的温饱，只要有人生存的地方就有狗伴随左右。狗动心了，就跟人交换了寿岁，所以人可以活六七十岁，狗只可以活十五岁。因为对狗的感恩，传统的纳西人不吃狗肉。在另一个美丽故事里，一个渴望永生的人四处奔波寻找不死药，终于在明了客观规律之后学会了抓住现实人生。神话蕴含着生命体验与生存哲理，这是它代代传承的原因，是它的价值所在。

2. 民间传说故事

明清时期，由于地方经济文化的发展和民族交往的繁荣，产生了大量故事，内容十分广泛。民间故事大多取材于日常生活，生动幽默，教化作用突出，有很强的感染力。这些故事反映了人们朴素的世界观、道德观、价值观、审美观，是现实生活的血肉丰满的表现。以《石牌

坊的来历》为代表的风物传说描写了生动的场景，歌颂了劳动者的智慧才能。以《龙女树》为代表的爱情故事缠绵悱恻、情节曲折，表述了民族和睦的高尚主题，悲剧结局唤醒了人们对理想的追求与坚守。以《白龙鸡》为代表的生活故事表现了惩恶扬善的主题，歌颂了劳动人民的聪明智慧。《挖金子》、《石门关》、《银洞》等故事以道德说教为目的，弘扬了正直、忠诚、真诚劳动、善待他人的美德，抨击了贪婪、忘恩负义、欺骗、残暴的恶劣行径，教育作用明显。《阿一旦的故事》、《穷女婿》、《聪明的穷人》等作品触及阶级对立和贫富冲突的主题，通过双方的斗智斗勇，最终使贫苦大众一方取得胜利，对统治阶级予以尖锐的讽刺，大快人心。大量动植物故事充满生活情趣，细节丰满，意蕴深刻，艺术价值突出。笑话故事以夸张手法制造喜剧色彩，寓教于乐，广受欢迎。丰富生动的民间故事是劳动人民集体智慧的结晶。

二、荡气回肠的东巴文学

1. 《创世纪》

《创世纪》是东巴经中最令人注目的篇章，也是纳西文学的三大明珠之一，堪称世界神话作品的经典之作。它通过对人类始祖崇忍利恩战胜大洪水、在天庭经历了种种艰难险阻的考验后娶得天神之女，下凡开创新世界的神奇经历的描述，表现了人类在曲折艰辛的生存条件下百折不挠创造世界的勇气与胆识，谱写了一曲荡气回肠的大无畏精神的颂歌。其中崇忍利恩独白的许多精彩段落被广为传颂，已成为纳西民族精神的重要组成部分。（详见本书第三页“神奇地从洪水中再生”）

2. 《黑白战争》

《黑白战争》讲述了民族历史上一场惊心动魄的战争。远古的时候，黑部落和白部落交战，来自敌对方的两个男女青年（王子和公文）却深深相爱并结合。战争局势恶化，他们的小家庭被推到了历史的风

口浪尖。公主的父亲不顾女儿的幸福下令杀死了女婿，公主让自己的两个孩子回祖父的部落报信，自己却被父亲囚禁于孤岛。援兵来袭，双方决一死战，战场血流成河，尸横遍野。公主绝食殉情。悲歌过后，黑部落和白部落统一为一个整体，共享光明之源——太阳以及大地上万物丰饶的幸福。

《黑白战争》的起源是争夺太阳，中间贯穿历史使命与个人情感的尖锐冲突，故事波澜起伏，情节荡气回肠，美不胜收。虽然那个时代早已消逝，但其思想的光华却依然令人心荡神驰。对爱情与友情的肯定与赞美，对和平幸福的向往，对民族平等的希望，尤其是结尾处对共享太阳的情节设计，跳脱了简单的是非判断，显现出宝贵的人道主义光芒，令人赞叹。人物塑造鲜明生动，栩栩如生，人物命运扣人心弦，感情描写和生活画面描写细节丰满，线索交错，矛盾纠葛集中突出，堪称世界叙事作品的典范。

3.《鲁般鲁绕》

是因为先有《鲁般鲁绕》才使得丽江民间形成了殉情的风习，还是先有的殉情风习，而后才发现了《鲁般曾绕》，我们不得而知。关于玉龙第三国的神奇传说最终凝聚成钻石般的经典长诗《鲁般鲁绕》，萦绕在中国西南缥缈幻彩的云朵之间。

纳西先民在中国西北部经过了漫长的迁徙，最终在金沙江流域停止了漂泊，由游牧民族开始演变为农耕民族，这个过程大概经历了1500年。古老的东巴经书中《鲁般鲁绕》则描写了有记载的最早一次殉情事件，值得注意的是，故事中的青年男女们成群结队居住在高山上集体放牧，他们不愿意放弃自由自在的生活，当他们的父母要把他们带回家去成家立业的时候，他们集体逃亡了；而他们的父母不仅安稳地过着田园牧歌般自给自足的生活，而且遵守着严格的道德规则。为了让儿女们就范，他们开始追寻逃亡者。更奇特的是，主人公的殉情自尽是受了情死鬼的诱惑，甚至还存在一个独立的情死者王国，纳西语叫乌鲁游翠阁，民间习惯称它为玉龙第三国。

逃亡者中一对恋人康美久命金和朱古羽勒排被冲散了，分别被家人带回家中，两人失去了联系。漫长的思念和折磨开始了，姑娘按照约定好几次托飞禽带信请男方家来提亲，都遭到拒绝和男方母亲的辱骂，因为那时候的婚姻是由父母来安排的，自己选择配偶是极其丢脸的事情。

终于，度日如年的姑娘再也承受不了痛苦的煎熬，她被天空飞翔的情死鬼的歌声打动了。康美久命金打扮一新，独自来到森林里，吊死在树枝上。

令人叹息的是，小伙子并没有变心，他终于带着提亲的队伍来到了姑娘家，然而等待他的是晴天霹雳。

朱古羽勒排按照姑娘的遗言将她的遗体解下火葬。当熊熊火焰直冲云霄的时刻，朱古羽勒排跳进火堆与心上人同归于尽。传说他们一起到了玉龙第三国，那里没有痛苦和悲伤，到处是鲜花、牛羊，相爱的人在那里共度无忧无虑的时光，享受永不磨灭的爱情。

三、异军突起的作家文学

从 1253 年阿琮阿良升任茶罕章宣慰司至 1723 年改土归流木钟由土知府降为土通判，丽江纳西族木氏土司经历了元、明、清三朝，传世 22 代，最终在清朝末年走向衰亡。明代木氏土司执掌丽江政权期间，政治开明，文化开放，土地广大富庶，“富冠诸土郡”；土司们“知诗书，好礼守义”，一跃而占据云南三大土司之一的地位，文治武功显赫一时，使地处滇川藏交界地的丽江经济文化发展有了积极的进取力，立足于各种强大势力的包围圈内而能安然生存，从而跃居优秀民族之林。

试想，在当时偏僻闭塞的云南边地，居然出现了一群深谙汉文化神韵的土司作家，他们生存于同一个大家族，写诗作词成为了家族的传统，他们与当时的知名文人酬唱应和，礼尚往来，他们的作品被收入种种典籍，甚至被收入了大名鼎鼎的四库全书，这不能不说是一个奇迹。当时的丽江远离中原腹地，丛山阻隔，江河横绝，加上文化背景的疏离，接受汉文化应该是难上加难的事。但丽江的木氏土司却对汉文化有浓厚的兴趣，从阿琮阿良开创家业到阿甲阿得首任丽江土知府，可以看出丽江木氏土司对国家的忠诚和稳定边疆的坚定信念，这一信念深入他们的骨髓并成为了家族的传统一直延续下去。

其实，这一切并非偶然。从一开始，丽江的统治者就有着清醒的头脑去看待自己所置身的世界。丽江的大多数百姓姓和，“和”，恰巧正是丽江文化的核心精神。上求与神灵、与自然的和谐，下达人群与人群的和睦，和平共处，包容并存，这就是丽江人对世界的态度。

完全可以负责任地说，“和”就是丽江的民意。为了民族的生存与发展，地处多种文化交汇地的丽江土司不得不审时度势确立好自己的立脚点。丽江的前几任土司都数次到京城觐见皇帝，表明自己成边忠臣的自我角色定位，这一点是丽江社会保持安定发展的首要条件。中央政府的撑腰使强大的周边民族不敢轻易扰乱丽江和平社会的氛围，而对周边民族文化的亲和立场又使丽江土司赢得了其他民族的亲近和认同，从而站稳了脚跟，免除了后顾之忧。我们站在今天回顾历史，不得不对木氏土司高瞻远瞩的历史洞察力深为叹服。

丽江木氏土司作家群是丽江历史上出现的第一个作家群，用江山代有才人出形容明朝的丽江社会一点也不过分。木泰、木公、木高、木青、木增、木靖是其中的杰出人物，被后人尊称为“六公”，其中木公、木增成就最为显著，各有一千多首诗作流传后世，受到景仰与推崇。将这一景象放到中华文化的大背景中来考察，也不得不承认是一

木氏别苑 （潘宏义摄）

个奇观。不仅是数量使人惊讶，“六公”作品所取得的美学成就也足以令汉族文人刮目相看，把他们的作品与汉族著名文人的作品相比较也丝毫不显得逊色，这是纳西族创造的文化奇迹之一，树立了纳西族文学史上一个辉煌的里程碑。

木氏作家群的共同特点是用汉文写作。这种刻意努力的追求一开始可能是出于政治上的需要，但很快就转化成了发自内心的需求。丽江本来就是一个风光卓绝、名胜云集的地方，在这样一个地方倾注你的心力，不难找到慰藉心灵的种种收获。可以看出，历代丽江土司都自觉地明确了自身作为明朝屏藩忠臣的位置并对中央王朝倾注了无限深情。多位土司都曾在作品里表达过与中央王朝喜乐共担、荣辱与共的坚定决心，这不是一种做作之情，而是丽江土司为自己的灵魂找到的一个母怀或寄托之所，说到底，木氏土司愿意在更大的空间内归宿于中华大文化的怀抱。当然，由于政治上的野心已经被戍边大臣的角色所限制，他们的精力只好更多地投注到对故园山水的赏玩、依托之

中，这样就出现了一种看似自相矛盾的双向依恋现象：一边是表示对遥远的中央政府的耿耿忠心与息息相关的深厚情义；另一边是表达对故土的激赏与深爱之情。这似乎是两个归宿，但并不真正矛盾。故土是他们真实的怀抱，是他们真正的归宿与寄托，中央王朝及其所代表的泱泱大国只不过是一个虚拟的怀抱而已。一种被抑制了的野心所蕴含的力量巧妙地得到了转移，它转化为艺术家与生活中的事物所发生的刻骨纠葛与灵魂纠缠，细化为对日常生活细节的浸润与悉心把玩。木增的父亲木青，从小才华过人，性情高洁，29 岁盛年就突然去世。对他的死，历史上有两种说法，一说是自杀，还有一说是暴病而亡。以他的遗作《题竹》为例，不难看出他千回百转的复杂内心世界。“森森万个入云端，风过依稀响翠涛。欲借青阴来入砚，任人和露写离骚。”通常的解释是该诗表达了对中央王朝的忠诚之心，但诗中话语的指向并不是单一的，我们不难感受到一种消沉、抑郁之气，作者不提别的，专提屈原，此中必有隐意。屈原一生怀才不遇，以身殉国，留下千古遗恨，作者自比屈原，其实深藏着壮志难酬的深刻隐痛。他表现隐居乐趣的《移石草亭》，描写了筑庐深山、种竹、侣琴书、友木石的闲淡生活，但我们却从中体味出了强颜欢笑的意味。以他的年龄与性情，本该有惊天动地的作为，当一切已经不可能时，壮志未酬身先死就有着令人惊心动魄的合理性与必然性了。

作为地方与民族的最高统治者，木氏作家大多在作品中表达了对民间生活的关注与同情。木公的“国丰惟我愿，民乐此心康”就是这种心态的鲜明写照。木氏在执掌丽江政权的数百年间，苦心经营，谨慎创业，图的就是地方社会的稳定与发展。木增的一首《牛背夕阳》，色彩灿烂，气韵生动，情趣天真，发出了真正的乐趣在山乡的陶醉之语。这种深刻的与自然相契合的人生态度得益于纳西族传统文化的熏陶和养育。

纳西族文化的精髓是人与自然和谐共存的自然观与人生观，这种传统思想与汉文化的传统精神不谋而合，所以后来纳西族大量接纳汉文化就不是一种做作之为，而是必然的选择了。任何人群或个体在选择自己需要的东西时总是乐于接纳那些与自己的内心非常合拍的东西，与其说是他们主动去寻找，还不如说是那些东西找到了他们。纳西人身上一种鲜明的价值倾向是把生命的价值确立在对自然的体味与品尝上，就像俄国人顾彼得所描述的，到城里赶集的农夫会坐在桥边观赏水中的游鱼；古城的居民在闲暇时刻聚集在各个酒铺一边聊天一边饮酒，打发着自在的时光；一个即将去世的老人坦然地领自己的朋友去观赏为自己的葬礼宴客饲养的小猪……

强烈地亲近自然是纳西族文化的本色，所以，当纳西族作家掌握了汉语这一工具时，他们就能够深入领悟汉文化的精髓并运用得得心应手。纳西族作家不仅勤于笔耕，而且非常乐于与汉族文人墨客往来。徐霞客在丽江半月余，受到了木氏土司的崇高礼遇。当时的著名文人来到丽江，木氏土司总是虚心求教，拿出诗文请对方细改，所以获益匪浅。这种注重审美活动与审美享受，把精神世界的无限开掘作为生命意义目标的生活态度像一面鲜明的旗帜张扬着纳西文化脱俗、飘逸的气质，直到今天，重视文化与文化交流依然是纳西社会的显著特征，也是丽江社会发展的稳固支点。

清代，汉文化通过不同的交往渠道、多样的交往载体、交往路线、范围，以及纳西族交往活动、交往过程中的汉文化表现，即主体、客体关系的开放性的实践活动，清代纳西族文化表现出具有鲜明的双轨制特征和中华文明的整体性[①]。

改土归流后，学习汉文化的风气影响到民间，开办书院学馆，汉学不再是土司阶级的特权，大量民间各阶层人士饱读诗书，参加科

---

① 郑卫东. 文明交往视角下纳西族文化的发展. 昆明：云南民族出版社，2011：276.

举考试，形成了中下层知识分子群体。他们是科举制度的实践者，渴望建功立业，在他们中出现了周之松、李洋、桑映斗、牛焘、杨竹庐、杨昌、木正源、妙明、杨品硕、杨昞等地方名士，他们的诗文名噪一时，其中的佳作妙品至今仍为人们传诵。诗人马子云如白驹飞跃脱颖而出，留下多卷文集，现存诗文五百多篇首，备受今人喜爱。

晚清时期，忧国忧民的诗人们发时代之忧愤，唱出了惊世骇俗的沉郁顿挫之歌。李玉湛、杨四藻、和虎臣留下了大量作品。杨超群、杨菊生、周兰坪等佳作不断。

到民国初年，第一个以士绅阶层为主体的文学社团“桂香诗社”诞生，王竹淇、和松樵、王树和、李中铨、张熙远、习彦卿、唐杰生、和云锦、李炳魁等文人、知识分子定期以诗文会友，追求淡远诗风，展现名士风度，创作丰富多彩，有声有色。

1907 年，《丽江白话报》问世，标志五四新文化运动的序幕在丽江拉开。李寒谷的小说在当时有广泛影响。和柳的新诗令人耳目一新。赵银棠成长为纳西族历史上第一位女作家。画家周霖创办“雪社”创作了大量古体诗词。学者范义田从事文史研究著述丰富，诗文也有广泛影响。

新中国成立以后，最早出现了两个文学新人牛相奎和木丽春，他们创作的长诗《玉龙第三国》成为纳西族新时期文学的里程碑之作。戈阿干、杨世光成长为全国知名的作家。王丕震老人退休后创作出版了历史题材长篇小说一百余部，震惊文坛。沙蠡、和国才、亚笙、石高峰登上文坛，作品丰富。蔡晓龄、和晓梅为代表的中青年作家群异军突起，引起文坛注目。纳西族作家文学正处在稳步发展的大好时期。

相关链接

纳西族第一位女作家——赵银棠（1904～1993年）

赵银棠出生于大研古城光义街光碧巷的清寒文人之家，家学渊源，儿时开始显露才名。师范毕业后开始教师生涯。1929年考入东陆大学，成为纳西族第一位女大学生。20世纪30年代起边教书边研习整理民族文化，学识渊博，引人注目，着手翻译东巴经故事，受到人们欢迎。1942年到重庆考察，期望奔赴革命圣地延安。回到丽江后跟着马帮到边远山区宣传抗日和医疗卫生知识，整理纳西族古歌等民族文化遗产。1949年出版《玉龙旧话》。1956年加入云南省作协。1972年退休。1979年错案得到平反。20世纪80年代起发表了近百万字的文学作品，修订《玉龙旧话新编》，编著《纳西族诗选》。

赵银棠是纳西族第一位女学者、女作家、女教育家、女社会活动家，受到了人们的喜爱与敬仰。

第四节　别具一格的民族乐舞

一、民族民间音乐

1. 民间歌谣

歌谣产生于劳动人民的生产生活实践，它短小活泼，贴近生活，有传统古歌和即兴歌两类。内容广泛，涉及生产劳作、风物习俗、婚丧嫁娶、民间仪式等方面，有深厚的民间传承土壤，与人民生活息息相关。《打猎歌》、《织麻歌》、《取火歌》、《犁牛调》、《喊丰收》、《招魂送鬼歌》、《送亲歌》、《敬酒歌》等曲目广为传唱，至今活跃在民间。

纳西民歌有自己独特的唱腔，主要有《谷气》、《喂默达》、《阿哩哩》、《哦热热》、《时本》等几种曲调，演唱时按内容需求赋予不同曲调，即兴填入歌词，深受百姓喜爱。

2. 民间传统大调

民间传统大调又称传统调，是一种基本定型、长期传唱的民歌，纳西语叫作“本”，意思是曲目或者调子。经过收集整理，现存25首左右，分欢乐调、苦情调、相会调、习俗调四类，长短不一，长者可达数千行。大调在演唱中必须搭配相应的曲调，词曲的使用要分场合，曲调与唱词的情绪风格必须吻合，约定俗成沿袭至今。大调产生于7世纪，纳西族社会相对稳定发展之后。到明清时期趋于成熟，内容与形式基本定型。演唱大调的歌手受到人们的喜爱，在演唱过程中，每个歌手的唱词、唱法都有差异，他们活跃在乡野之间，使作品显现出不同的“版本”。演唱可延续几天，繁简因人而异。重要作品有《猎歌》、《赶马》、《烧香》、《殉情调》、《牧歌》、《逃到好地方》、《相会调》、《嫁女调》、《起房调》等。

3. “谷气”

“谷气”为纳西族民间约定俗成使用的音乐调式之一，俗称谷气调，纳西族的叙事长调多用谷气调演唱。形式为男女对唱吟咏，曲调缠绵婉转，如泣如诉。每逢节日，人们成群结队围坐于广场，痴迷于歌手的演唱，蔚然成风。谷气的演唱者常常即兴创作歌词，吟咏人们关心的内容，句式多为五言一句，喜用比兴手法，饶有兴味。

4. 崩石细哩

《崩石细哩》又译作《白沙细乐》，学者宣科解为“原人遗音”，即本地原创遗留后世的音乐，是我国历史上仅存的几部大型器乐套曲之一，被誉为“中国音乐的活化石”，是纳西民族为世界音乐宝库作出的重要贡献。

该作分8个章节，丝竹合奏，旋律和声都非常独特，结构完整，受到了研究者们的高度重视。这是一部取材于远古战争的大型哀乐，有鲜明的情节性与叙事性。第一乐章《笃》，表现纳西人在自己的土地上为他族阵亡将士举行隆重的哀悼仪式，安抚亡灵。第二乐章《一封书》，借参战双方民族间有姻亲关系的公主和王子的爱情故事展开对残酷战争的描写，是对情节的展开。第三乐章《三斯汲》，描写血流成河的惨景，是血腥历史的哀歌。第四乐章《阿哩哩格汲泊》，是一首有专门歌词的安魂曲。第五乐章《公主哭》，歌颂并超度这位正义公主的亡灵，同情其不幸遭遇。第六乐章和第七乐章《跺蹉》、《开磋》，是东巴作法时驱鬼除灾的舞蹈，以示对神灵的崇拜和对鬼怪的威慑。

这部作品诞生后，一直以《安魂曲》的形式奉献于死者灵前，旋律清丽委婉，风格哀伤动人，令人敬畏。

《白沙细乐》中的精彩篇章也是纳西古乐中的重要组成部分。

5. 洞经音乐

洞经音乐在明清时期传入丽江，被上层和文化阶层吸纳和运用，成为高雅生活的标志。这种音乐是道教经腔和儒家雅集型细乐的结合体，它不仅包含了我国各地流传的洞经音乐形式，还保留了在内地已经失传的词牌、曲牌音乐，改写了“无声的中国音乐史”。经宣科及大研纳西古乐会的努力，让这一音乐瑰宝走出国门，引起世界惊叹。宣科将《崩石细哩》和丽江洞经音乐糅合打造为“纳西古乐”品牌，轰动世界。

二、民族民间歌舞

1. 阿哩哩

《阿哩哩》是在传统民歌曲调基础上改编的一首群众歌舞曲，载歌载舞，在喜庆场合演唱，形式为一人领众人和，表达了人们对新世界

民间歌舞　（潘宏义摄）

的生活热情与美好希望，深受人民喜爱。领腔先呼，和腔应和，一唱一和，对答呼应，气氛热烈、和谐。表演时众人围成圆圈规则旋行，领唱即兴创作出精彩句子，惊喜不断，高潮迭起，是群众最喜爱的歌舞形式之一。

2. 哦热热

《哦热热》即《热美蹉》，起源于原始社会，保存着游牧狩猎时代的文化记忆，是丽江最古老的歌舞形式。传说热美是一种精灵，专吃死人尸体。原始人死后，其亲人同伴为其守灵，用歌舞驱赶热美，不让它破坏死者的身体，这种奇特的歌舞形式就叫做《哦热热》。

演唱时，男女分为两个声部，男声部整齐地发出驱赶声，女声部用奇特的“喉漱式迭音快颤”唱法模仿羊叫，形成奇妙的混合，演唱难度极大，连专业人士都很难仿效。歌舞场面声势浩大，包含了恐惧、庄严、神秘、威慑等种种情绪和力量，使观者受到强烈感染。音乐民族学家宣科先生曾对这一艺术形式作过深入研究，取得了重大成果。在他看来，这一歌舞形式中包含了两种相反的意图，一是对精灵的吹

捧安抚，另一个是用集体的力量对其进行驱赶。

《哦热热》的舞步整齐凝重，风格雄浑，气势壮观，歌舞相应，撼人心魄，不愧为远古歌舞的经典之作。

3. 喂默达

《喂默达》与《谷气》同为纳西族长调演唱的曲调，多在红白喜事的场合表演。演唱时要根据主人家的情况选择相应的内容，往往歌舞通宵达旦。演唱的格式有定式，但要求在具体表演时作即兴发挥。演唱的内容如一首优美的长诗，曲调急缓有致，情节一波三折，令听者如醉如痴。

4. 打跳

打跳是云南民间较为普遍的歌舞形式。每逢节日或红白喜事，人们围成圆圈，由一位乐手吹奏曲子，人群按节奏起舞，圆环按一定方向边舞边移动，有的打跳还伴有领唱和齐唱的呼应，载歌载舞，气氛热烈，直至高潮。打跳的曲目有多个，旋律活泼，风格明快，节奏感强，有着浓郁的生活气息。舞姿动作有不同的花样，整齐、娴熟的步伐给人们带来巨大乐趣。在旧时丽江民间，盛行过不同民族不同风格的打跳形式，一直延传至今，是人们最喜爱的娱乐方式。每到黄昏，在广场或公园一角，数百人的队伍合着打跳的曲调热烈起舞，成了城市一道独特的风景。

5. 麒麟舞

麒麟是纳西族人民的吉祥物，纳西人在家里的照壁上画麒麟，象征吉祥与发达，寄托对未来的期望。麒麟舞由多种动物的队伍组成，开场寿星出面，预示地久天长；接着 20 个小孩提着花灯绕场，表示来年国泰民安；随后白鹤和梅花鹿上场，寓意鹿鹤同春，幸福常在；紧跟着麒麟和凤凰登场，祝愿风调雨顺、五谷丰登；最后是牧民和牦牛拜年，比喻六畜兴旺。麒麟舞为丽江独有，是民间文化的重要形式之

一，从舞蹈可以看出纳西民族与自然的亲密关系。

6. 勒巴蹉

《勒巴蹉》又名手摇鼓舞，是纳西族古典民间舞蹈。舞蹈的队列由男女两部分组成，以鼓、鼓棒、牦牛尾为道具，集唱、跳、诵多种形式为一身，舞步有三十多种套路，以模仿各种动物和早期人类的生活场景为内容，风格豪放激越，动作健美多变，气氛热烈，把祭祀舞蹈的庄严与民俗画卷的生动融为一体，雅俗共赏，深受当地人民喜爱。

7. 东巴舞

东巴舞是纳西族由东巴祭司主持的祭祀仪式中使用的舞蹈的总称。东巴祭司是早期纳西族的精神生活导师，当时的生存条件非常严酷，人群对神职人员的依赖很深，衣食住行生老病死诸多环节都要通过祭司寻求神灵的指点，由此产生了大量与宗教信仰活动相关的祭祀仪式。东巴们在仪式过程中用大量的躯体动作表达人类面对自然与神灵的多种企图与情绪活动，这就是最初的舞蹈。东巴舞没有音乐伴奏，以鼓点为节奏，手持道具，身体翻越腾挪，伴随各种吟诵，长时间的舞蹈动作往往贯穿整个仪式过程。东巴舞蹈自然地成为了宗教仪式的组成部分，既是其重要的内容，也是其特征性的形式。是否能长时间边诵边舞是衡量东巴功力深浅的重要尺度。

东巴舞蹈功能复杂，有祈福、敬仰、驱魔、安抚、祛病、消灾、神谕、免祸等多种用途，有突出的感染力与震撼力。

第五节　雅俗共赏的书画艺术

1. 白沙壁画

位于玉龙雪山下的白沙村是纳西族最早的政治、经济、文化中心，在这里保存的明清壁画引起了国内外广泛注目。

丽江壁画绘制于1395～1743年，原存十余处，200余铺。现仅存白沙，计50铺，154平方米，经众多民族工匠代代接力绘制完成。

白沙壁画　（潘宏义摄）

据史料记载，最早的画匠领班人是江南画家马肖仙。另有中原张道士绘制道教壁画。从西藏来的古昌喇嘛率众绘制了密宗壁画。纳西族画家参与了壁画的绘制，白沙的“画匠田”就是专供画师享用的俸禄。晚期壁画的绘制者是汉族画家李增。经过300多年的持续努力，多民族的工匠共同创造了丽江白沙壁画奇观，形成了白沙壁画独特的品格风貌。

白沙壁画是多民族文化融合的象征。内容上包含道教、藏传佛教、汉传佛教、东巴教的文化成分，技法上融会了多个教派的艺术特征，表现了丽江本土风物，呈现出多种文化融洽并存的艺术景观，反映了木氏土司政治上的开明与文化上兼收并蓄的特征。历史上的丽江一直是一个多民族杂居的地区，同时处于强大的西藏和大理势力的夹缝间，要求得生存发展，就必须维持地方的安定团结，白沙壁画正是这种政

治追求与文化追求的生动显示。

2. 文人书画

丽江木氏土司推崇汉文化，历代土司自觉实践，书法诗词多有佳作。到清初，丽江知府鼓励学习汉文化，创办了雪山书院，兴办“义学”，奖挹科举，把汉文化的学习从民族上层的特权推广到了民间，使丽江成为了引人注目的文化礼仪名区。从晚清到民国，丽江不断有人前往内地，购买各种画谱回来习练，纳西古乐也是在明清时期传入丽江的，成为丽江人吸纳汉文化的又一例证。丽江的知识分子以擅长琴棋书画为荣形成风气，演变为丽江文化的传统根脉。

从木氏土司开始，出现了一些有名望的画者。到20世纪30年代末，周霖组建了国画爱好者的团体“雪社”，共同切磋，人才辈出。到了抗战后期，画社人员迅速扩大，诗、书、画、音乐人士共融一体，仍沿用“雪社”名称，影响广泛，激发了年轻人舞文弄墨的兴趣。加上那个时期北方各所著名高校南迁，西南联大部分优秀老师来到边远的丽江任教，地方文化一时活跃非凡，出现了繁荣兴旺的大好局面。新中国成立以后，担任副县长的周霖以县文化馆为舞台，组织民间美术力量，经常举办画展，多位丽江画家闻名于省内外，周霖更是举国公认的杰出国画名家。后来成立的玉泉诗社有百余老人参加，他们精通汉文，诗书画并举，这种传统文人群体如今在汉文化中心地带也很难找到了，我们不难从中看出丽江的文化积淀之深。

相关链接

纳西族著名画家周霖（1902～1979年）

1914年秋天，石鼓镇著名的文化家族周家搬迁到大研古城七一街定居。在著名画家张玉湛悉心指导下，十来岁的周霖画花鸟已经小有名气。1927年，周霖考进上海美专，在此期间游览名山大川，访问名胜古迹，大有心得。周霖自幼开始习练名家画谱，刻苦用心，博采众长，深得国画之意旨，又能独辟蹊径刻意创新，功底深厚，作品深得人心。1943 年在云南美术展览会上一鸣惊人，成为云南省著名画家。1955 年起在文化馆工作，1956 年主持临摹白沙壁画，1958—1959 年从事东巴经书的收集整理，1961 年任副县长，巨型国画《金沙水拍云崖暖》悬挂于人民大会堂云南厅。1963 年任云南省美协副主席，在北京举办画展，应邀在中央美术学院讲学，并在全国五大城市举办画展。1964 年任全国政协委员。“文化大革命”中遭遇坎坷，于 1977 年病逝。

周霖是丽江最有影响的文化人之一，他不仅画艺高超，而且多才多艺，品格高尚，有相当大的社会影响力。身后留下大量作品，1984 年出版《周霖画集》。

时至今日，学习国画、习练书法仍然是丽江的文化风气。每年春节前，地方组织书法高手在广场为市民村民免费书写春联，万头攒动，高手们要在现场忙碌几天才能满足大众的需求，很多书法爱好者把这种活动看作自己习练书法艺术的大好机会，他们活跃在现场，观摩高手们的运笔细节，悉心琢磨体验，往往大有收获。同时，高手们互相切磋，交流体会，也有丰厚收获。广场写对联活动成为丽江一大文化特色，深受百姓欢迎，引起了游客们的浓厚兴趣，广受赞誉。

丽江喜爱书画的风气深入到民间，村村都有文化底蕴深厚的老先生，地方各级诗书画协会活动热烈，影响着这一方水土的文化风貌。

另外，伴随着旅游业发展、兴旺起来的东巴字画在市场上受到热烈欢迎，加上地方政府注重民族传统文化的保护与传承，丽江人自觉学习东巴文化，喜爱东巴字画的人越来越多。在丽江经商的人们对这

种文化财富特别敏感，也加入了学习纳西族文化的行列，创造了明显社会效益和经济效益。

3. 东巴画

纳西人的祭司东巴在宗教活动中既要使用东巴象形文字来记录经文，还要描绘天地万物的各种物像用于宗教仪式，这种直接为宗教活动服务的绘画形式统称为东巴画。

东巴画大致可以分为四种。一为竹笔画。因使用削尖的竹棍作笔而得名。竹笔画在东巴经书的封面、插图、符号、推算、占卜、道具、神器绘制中广泛使用。竹笔画笔法简约传神，古朴自然，善于夸张变化，造型生动逼真。二为木牌画。绘制于木牌上，在仪式中使用，色彩鲜艳，有祈祷、驱魔、诅咒、招魂、除秽、祈寿等功能。木牌画内容涉及日月星辰、敬神宝物、人物动物和鬼神妖魔造像，广泛用于巫术仪式中。三为卷轴画。随着民族间文化交流的加强，特别是佛教、道教的传入，宗教绘画艺术对纳西族地区产生了深刻影响。卷轴画是藏传佛教影响丽江的一个例证。卷轴画多画于麻布或土白布上，少数画于纸上。画布先用石块磨平，粉液浆刷阴干，毛笔勾画，敷色多用植物矿物颜料，画面艳丽夺目。代表作《神路图》宽一尺，长四丈，用于丧葬仪式中的超荐。画中描绘了 300 多个人物及 70 多种奇禽怪兽，超度祭司在法事中宣传因果报应思想，指引死者亡魂克服妖魔鬼怪的干扰、诱惑，洗清罪恶抵达祖先故地，最后转生人间。除《神路图》外，佛像画和装饰画也很突出，出自东巴或喇嘛之手，兼有两种文化混合的特色。四为现代东巴画。20 世纪后期以来，丽江社会发生了翻天覆地的变化，相应地产生了文化上的变异和创新。一些中青年画家借用东巴画技巧表现新的生活内容与生命体验，作品引起了绘画界的注目与好评，张云岭、张春和等画家因此驰名国际画坛。随着近年来旅游业的飞速发展，东巴文化受到大众的广泛关注和喜爱，在旅

游市场上出现了以东巴文化为内容的地方工艺美术品，在旅游商品市场上供不应求，创造了明显的经济效益。我们把以上两者统称现代东巴画。狭义的现代东巴画特指中青年画家们在传统画法的基础上不断创新，由此建立的全新艺术表达形式。

4. 民族文字

纳西人创造了古老的东巴文字，这是世界上至今还在使用的仅存的象形文字系统。东巴文，从文字形态来看，是一种介于原始图画文字和表意文字进化之间的文字符号，在文字发展史上代表了一个特殊的阶段，它是东巴用来书写、记录东巴经的专用文字。用东巴文书写的东巴经书被列入世界记忆遗产名录。在维西县使用的玛丽玛沙文字和在中甸县使用的阮可文字是东巴文字的变体。

为了给东巴经文注音，纳西人又创造了哥巴文字。这种文字属表音符号，笔画简单易记，每个字代表一个音节，会这种文字的人很少，加上不标声调，很难识别意义，仅在东巴弟子中使用。

从文字创造的历史看，纳西族是文化发达的民族，善于学习创造，文化上博采众长，凝聚了民族的深厚文化积淀，为人类文化宝库奉献了丰富遗产。

由东巴文书写的东巴教古籍有其独特的价值，联合国教科文组织在2003年10月5日将收藏在丽江的纳西族东巴古籍文献正式列入“世界记忆遗产名录”之中。

第六节　民族体育放异彩

“人们一提到‘体育’，马上会联想到选手们在狂热欢呼声中的竞技搏击之宏伟场面，但实际上，所谓体育，顾名思义，不外指人们为增强本身的体质以及与之相应的技能而实施的自我训练。”这是学者刘

东的说法。

历史上，纳西先民驰骋疆场，英勇好战，体魄强健，有尚武精神，不乏惊天动地的勇士。而当纳西族开始从游牧向农耕缓慢过渡，纳西族文化精神也发生了深刻的转型，从好战转向亲和，于是，许多古老的生产劳动行为便逐渐演化成体育活动和游戏活动的项目。在与周边民族如汉族、藏族、白族等民族的交往中，不少体育与游戏项目也传播过来，并使之本土化，最终成为纳西族传统体育与游戏的一部分。这些体育与游戏对增强纳西族的身体素质，提高纳西族的心智水平起到了十分重要的作用。可以说，纳西族人民在长期的生存斗争、劳动生产和闲暇活动中，以及与其他民族的交流交往过程中，形成了丰富多彩、别具一格的民族传统体育与游戏活动。

从老人们的讲述和文人墨客留下的诗文散片里可以看出，早在明代，在丽江境内开展的民间文体活动项目即有：耍龙灯、舞狮、打秋千、打跳、放风筝、芦笙跳、钓鱼、斗牛、飞石索、摸老虎蛋、斗羊、登山、射弩、摔跤、放孔明灯、放河灯、拔河、黄牛跳等。这些体育和游戏活动与特定的民俗活动密切相关，有的甚至是民间节日的特定内容，如中元节放河灯，人们借此表达对已逝先人的未了心愿与怀念之情。除了纳西族的东巴教中带有体育性质的武术、舞蹈技巧因其与信仰有关而不具备在普通场合展演或供非宗教人士习练外，前面提及的各种活动都具有浓郁的民族性和广泛的群众参与性。纳西族早年的尚武精神潜移默化成了越来越强烈的体育意识。

新中国成立后，纳西族地区也有了不少从外部传入的现代体育项目，如现代足球、篮球、乒乓球及各种田径运动等。足球比赛一直是纳西人最喜爱的项目，比赛时观者如云，热闹非凡。纳西族传统体育项目曾多次参加全省、全国比赛，取得过优秀成绩。

改革开放以来，丽江政府采取了强有力的措施，加强和改善了体

育工作，人民群众的体育运动意识得到增强，民族体育活动以及各类体育活动项目广泛开展起来，出现了国家、集体、个人办体育的热潮。据不完全统计，纳西族有近 1/3 人口经常参加体育活动，产生过许多著名的运动员，如 1992 年第一位走进奥运会的纳西族姑娘和学梅，1993 年参加世界技巧比赛并取得优异成绩的和卫光，1980—1982 年出任智利国家体操队总教练的杨尚孔。1996 年，和煜东博士远赴南极，成为纳西族极地探险运动第一人。谁能想到今天闻名遐迩的纳西族口书书法家和志刚，早年曾是表现不凡的运动员呢？民间体育健将更是数不胜数，其中不乏可圈可点的传奇人物。

中国的传统体育精神是强身健体，阴阳调和，最终达到延年益寿的目的，所谓“文武之道，一张一弛”，这种古老顽强的生命态度应该对现代人有无限的启示吧？

第三章

生命的刻度——生活与习俗

第一节　生活方式

一、衣着上的历史皱褶

纳西族的先祖是北方游牧民族，经历了艰苦卓绝的漫长南迁，生活在气候偏寒的高原地区，度过了逐水草而居的狩猎时代，因地制宜，自然形成了食肉衣皮的生活习惯。今天纳西男性普遍穿着的羊皮褂[①]及女子穿着的羊皮披肩就是古代服饰的遗存。皮毛服饰不仅暖和，还防潮防水，在劳作中可以防范对人体的磨损，狩猎时在野外过夜可以当衣被，千百年来陪伴纳西人度过了无尽的温情时光。

进入农耕时代后，为了劳作方便，纳西人的衣着发生了变化。明清时期，纳西人穿麻布或土布衣服。清朝改土归流后，受汉满文化影响，服饰逐渐定型为延续至今的传统模式：男子穿对襟白领褂（城镇男子在正式场合穿长袍马褂）加羊皮或麂皮坎肩，下着长裤；劳作时

① 也有用虎皮、豹皮、狐皮、狗皮制作的长短褂，外加皮帽，但较为少见，比羊皮贵重。

穿耐磨对襟上衣，这种衣服是用多层旧衣、旧布密实纳制而成，既耐磨又可以保护身体；山区男子戴毡帽，穿对襟领褂，披羊皮褂或毛毡长衫，腰间束毛腰带，脚穿当地皮匠制作的结实翻毛皮靴。女子穿宽腰大袖、前襟短后襟长的大褂，外加氆氇坎肩，下穿盖住脚面的长裤或长裙，腰系百褶围腰，背上披七星羊皮披肩。靠近藏区的纳西族服饰明显受到藏族服饰影响，男子穿粗毛藏袍，女子发辫中加入彩色毛线混杂编织盘在头顶，穿毛皮长褂，包头。

最引人注目的是纳西女子身上的羊皮披肩。披肩上有大小七个丝线绣的圆盘，披肩的传奇性就出自这里。远古时期，人类的存活率非常低，纳西族的妇女看到水沟里的青蛙一次就产了成千上万的卵，很羡慕青蛙的生殖能力，就把象征蛙眼的圆盘绣到披肩上，预示妇女们将多子多福，部落人口繁盛。青蛙还是纳西族的图腾崇拜物，人们相信图腾加身会起到驱魔辟邪的作用，令鬼怪污秽不敢侵身，所以把青蛙绣到披肩上，让它保佑妇女们健康吉祥。纳西族妇女以勤劳勇敢著称，后人灵感突现，

纳西族女子的披肩 （潘宏义摄）

巧妙地将披肩上的圆盘解读成日月星辰，披肩暗喻纳西妇女披星戴月吃苦耐劳的精神，约定俗成为羊皮披肩的经典定义。

纳西族人喜欢佩戴首饰。常见的首饰有银手镯、绿松石耳环、翡翠戒指、玉手镯等。有的纳西人喜欢佩戴宗教饰物如佛珠项链、纯金或玉制佛像项链等。每当孩子出生，家长亲友会为孩子准备银锁银镯，表示对孩子的器重，同时祝愿孩子被“锁住套牢”，希望孩子战胜一切考验，健康成长，将来有出息。

二、一方水土养一方人

1. 丽江粑粑

丽江民间有“姑娘不会做圆圆的粑粑就不能出嫁”的谚语，一语道破粑粑对纳西人的重要性。丽江农作物以小麦为主，粑粑是人们的主食，做粑粑的方法也多种多样。将和好的面沿锅边贴放一圈，锅底煮杂菜，饭菜一齐熟，这就是锅边粑粑。这类粑粑形状像长枕头，又叫枕头粑粑。将面团擀制成一个个圆环，入锅煎熟，以凉粉伴食，是丽江人最常见的午饭。将二指厚的面饼胚搁入锅底定型，再翻过来盖在水上蒸熟，就成了老少皆宜的水焖粑粑。这种粑粑有两个巴掌厚，清香松软，大受欢迎。与酥油茶同食，妙不可言。最正规的丽江粑粑大名鼎鼎，分咸甜两种，面用特殊方法揉制，夹馅用糖或火腿丁，下锅油炸，做熟后的粑粑鲜香酥脆，回味无穷，存放多日不变质，成为当地最著名的美食。当年丽江马帮走遍高原，美味保鲜的丽江粑粑是他们旅途上最合心的伙伴。

2. 酥油茶

纳西人家酷好酥油茶。清晨起床，打来干净泉水，入锅加茶叶煮沸。取碗口粗特制竹筒，搁入酥油、盐、舂碎的核桃仁、花生仁、生鸡蛋，将沸水冲入茶筒，有节奏地上下抽拉，茶汁变成乳状即成。高原地区吃

酥油茶大有道理，旧时人们在田间劳作，马锅头在漫漫长路上奔波，食后可以长时间不觉饿、不觉渴。酥油茶营养丰富，能帮助人们御寒，还可避免蔬菜种类不足带来的维生素缺乏症，广受百姓喜爱。

3. 鸡豆凉粉

鸡豆小如米粒，产量低。鸡豆做成的凉粉是纳西人最喜爱的吃食，每天都离不了。鸡豆凉粉切成块或条晒干，用油炸后蘸作料吃，妙不可言。凉粉切成薄片晒干，叫粉皮，可以像虾片一样煎吃，也可以用来煮火锅。将凉粉切成条，加入盐、辣椒、白醋、酱油、花椒油、在滚水里焯过的韭菜和豆芽等作料、配料凉拌，令人百食不厌。也可以把凉粉切成大块放入锅里油煎，两面黄脆后起锅加作料、配料拌食，称作热凉粉，另有一番滋味。

鸡豆凉粉 （潘宏义摄）

4. 米灌肠

杀猪是纳西家庭的大喜事。旧时，无论乡野城镇，家家养猪。深冬季节，选好日子后，早早起床，将年猪捆绑上案，刀起血落，孩子

们一片欢呼，等着吃好东西。取新鲜猪血拌入半熟的米饭，加作料和匀后灌入猪大肠，放在甑子里用大火蒸熟，这样做成的米灌肠，人人爱吃，便于存放。食用时切片，或蒸或油煎，别具风味，是杀猪宴上的主食。杀猪时要宴请亲友，亲友临走时要赠送食物，表示献给没有来到的老人，分送米灌肠和一些肉是最好的礼物。敬老是纳西族人生活的信条，无论红白喜事，亲戚临走，主人都要给亲戚家的老人带一份好吃食以示孝敬。

5. 三叠水

当贵客来临，纳西族人用最隆重的三叠水宴席欢迎贵宾。先上点心垫底，再上果碟 12 样到 28 样不等，最后上菜肴 24 样，分别为八盘、八碟、八盅。样数固定，菜肴和糖果碟则按照时令适时变化，其宗旨是汇聚地方美味尽献来宾。待客时礼数周全，杯盏交错，寒暄应酬，大快朵颐，宾主尽欢方散。此为大三叠水宴，场面令人叹为观止。

大三叠水用于最高礼仪，在生活中使用更普遍的是小三叠水宴。将八的规格减少为六盘、六碟、六盅三六一十八样菜肴，点心果品碟照旧，美不胜收。

6. 八大碗

传统纳西人家的年饭必须具备八个菜：猪头肉、鸡肉、酸辣鱼、腊吹肝凉片、炒瘦肉、炒韭黄、炒百合、炒莲藕。八大碗用于春节，也用于红白喜事和其他节日的餐桌。前三样要献祭祖先，猪头肉（含猪尾巴）寓意有头有尾，整鸡做成跪伏姿势以示对神灵的敬祭，鱼肉象征年年有余。条件好的家庭还可以加火腿片和咸鸭蛋共十样，表示十全十美。有的家庭还要加上香肠、腊肉，就成了十二道，预示十二个月月月日子丰美。改革开放以后，生活水平大幅度提高了，宴席一般用六碗六碟，讲究的人家用小三叠水待客，贵宾来临甚至用大三叠水待客。

7. 火锅

丽江人喜爱火锅。传统的纳西火锅制作考究，必须用铜制的火锅，底料用腊排骨、猪腿或鲜排骨。锅中放入韭菜根、山药、芋头、青菜茎、茨菰、胡萝卜、粉皮、粉丝和时鲜菜蔬，用栗炭火炖制。放菜时要专人照料，按照菜的习性依次层层铺放，边煮边铺，保证熟透而不变形。女儿出嫁，父母准备的嫁妆里必须有一只漂亮的铜火锅。

8. 红饼

中秋佳节到来之前，纳西族妇女要制作风味独特的红饼，除自家吃外，还要送给年长的亲戚作为礼品。先把红糖熬化成糖浆，然后用糖浆和香油和面，使劲揉合，然后用甑子蒸，再放入核桃仁、火腿馅或豆沙馅，用模子压出花形，烘烤成美味的红饼。现在人们已经很少在家中制作红饼了，但老式作坊制作的红饼仍然供不应求，大受本地人和游客的欢迎，游客们把红饼当做礼品带到四面八方，使得丽江红饼享誉天下。

三、凝固的田园歌谣

在丽江的边远山区和摩梭人生活的泸沽湖地区，随处可见一种由圆木堆积而成的小屋，这就是纳西族最早采用的建筑形式——木楞房。木楞房整体用木料搭建，屋顶覆盖木板，再用石块压在木板上使其固定，屋子中央造大火塘，火塘周围建木台作为卧床，夜里围火而卧，可以避严寒。

进入农业社会之后，纳西族与汉族及周边民族的文化交往日益加深，在吸收了其他民族建筑优点的基础上，纳西族广泛采用了木石结构的三坊一照壁和四合五天井的建筑形式。最常见的三坊一照壁，由左中右三排房和一个照壁组合成院落，其实就是民间的三合院，院中

泸沽湖畔木楞房　（潘宏义摄）

央的天井用来养花种草，也可以做晒场用。房子为两层建筑，每排房一般为三间，正房中央一间做客厅用，两侧为卧房，二楼存放粮食、生活用品、劳动工具等杂物。门窗为六合门，可以折叠，装饰有精美木刻，非常美观。屋檐向前延伸的幅度很大，屋檐之下就形成了一个宽深的空间，像一个扩宽了的大走廊，可以在上面摆几桌宴席，纳西人把它叫“厦子”，它的功能很多，吃饭时它是餐厅，花前会友时它是书房，一家人晒太阳、聊天时它是客厅，孩子们还可以在那里做作业或嬉戏玩耍。

纳西人爱水，家园在哪里，就把水引到门前屋后，甚至让小河穿过院落，日夜喧哗，世界因此无比生动。今天，最让中外游客着迷的就是纳西人的庭院了，满院花木葳蕤，老先生于屋檐下挥毫泼墨，老奶奶边晒太阳边做手工，孙儿孙女安心做作业，狗儿在花丛中追逐一只蝴蝶，这样的画面在现代化背景下的当代社会已经是不可多得的奢侈美梦了。

第二节　岁时节庆

一、春节

整个正月，丽江沉浸在节日的香风里迷醉不散。年前开始杀猪宰羊备办年货，腊月二十六以后，市场上人山人海，家家户户忙着给孩子买新衣、玩具、学习用品，添置家用物品。大年三十，全家人天不亮就忙着起床做年夜饭，铺青松毛。饭前必须放鞭炮，哪家的鞭炮先响，哪家的年饭就占了先，视为大吉利。年饭的菜肴中必须有猪头和鸡。年三十起不能扫地。初一，每家男主人先起床起火烧灶，燃香说吉利话，做早饭。初一的早饭不能沾荤，一般吃糯米粑粑、汤圆、炸粉皮等。初一上坟祭祖，全家老小到达祖坟地，祭拜上香，野炊。初二起亲戚轮流做东宴请四方亲朋，相互拜年。祭天仪式也在此期间举行，隆重空前。正月十五棒棒会，热闹非凡。集市上万头攒动，人们购买各种农具，欣赏奇花异卉，品尝小吃，青年男女则私下用心物色未来伴侣。按照民间的说法，丽江人整个月都在做客、请客，亲情、乡情浓得化不开。

二、三朵节

每年农历二月初八，纳西族人在白沙村举办北岳庙会祭拜“三朵”神，这就是法定的民族节日“三朵节”。

三朵是纳西族的最高保护神，在传说中是一位白马、白盔、白甲、白矛的将军，受到当地百姓的最高礼拜。话说玉龙雪山上天天都有猎人在丛林中穿梭。二月初八这天，一个能干的猎人在山上打猎，看见一块巨大的白石头，却非常轻。猎人觉得奇怪，就把石头背下山来。

走到雪山南麓，猎人坐下来歇气，抽了一袋烟解乏。等猎人准备继续上路，没想到石头像生了根再也不能挪动分毫。人们都以为神异，就地建寺庙供奉。从此，白将军常常在人们需要救助时显形，驱瘟疫，灭火灾，降雨雪，助战事，解水患。纳西人作战时，常见一个白影暗中助战，民间尊他为战神，当地人们称他阿普三朵，尊他为民族保护神，享有比其他神灵更高的崇拜。当年忽必烈南征大理路过丽江，封三朵为“大圣雪石定国安邦景帝”。因三朵属羊，每年二月初八和第一个羊日，人们用全羊作牺牲祭祀他。

三朵节期间，正是百花盛开的春日，雪山脚下的万朵山茶也竞相开放，远近百姓纷纷前来游春，北岳庙会因此兴盛。远在异地他乡的纳西同胞也在所在地集会欢庆民族最神圣的节日。

实际上，三朵神就是玉龙雪山的化身。俗话说靠山吃山、靠水吃水，对自己赖以生存的自然资源，纳西先民发自内心产生出巨大的崇拜之意。中国有很多民族（包括汉族）都有山石崇拜的现象，认为山有永恒的生命，而且可以生发动植物。纳西族支系摩梭人要在灶上供奉一块神石，每顿饭都要祭献，不许冒犯。纳西家庭素篓里供奉着神石，那是固守全家集体灵魂的“镇家之宝”，轻易不得触摸挪动。纳西族董神和色神的形象也是两块石头，置于大门两边，保四季安康。在山区，某块大石被视为山神或猎神的化身，人们上山劳作时要虔诚祈祷祭拜，打到大猎物要拜谢赐予之恩。至于三朵神的地位上升为定国安邦景帝，则是统治阶级定国安邦政治理想的形象体现。

三、清明节

丽江受汉文化影响很深，有过清明节的传统习俗。四月五日，人们举家前往祖坟地，祭拜祖先。老人要向年轻人讲述先辈的事迹，彰

显家族的精神。这一天，所有人要戴用柳条做成的帽子，家门上要插柳条辟邪。

传说有个善良的女人，丈夫及其前妻死后，留下一个男孩。女人和丈夫生的孩子比前妻留下的孩子小，可是女人出门只把前妻生的孩子背在背上，却让自己生的孩子用脚走远路。一次，走在路上，对面走来一个老人。老人见女人把大孩子背在背上，让小孩子自己走，不禁说道："你们家的规矩怎么这么怪，不背小的背大的，好没道理呀。"女人回答道："老人家，我背的是丈夫和他前妻留下的孩子，他亲爹亲妈都没了，好可怜，当然应该多疼他啦。"老人听了很感动，就悄悄对女人说："天要降灾了，就在清明那天，你不要对任何人讲，天机不可泄露，你要是讲了，灾祸就会落到你头上。你在那天在头上戴个柳条帽，家门上插根柳条，保你免灾无事。"女人谢过恩人回到家，暗暗把老人的话告诉了所有人家。到了清明那天，户户插柳，人人戴帽，大家都躲过了瘟疫。老人问女人为什么泄露天机不怕遭天谴，女人说："我怎么忍心眼看乡亲们都死光？我倒是宁可自己死，换得大家活下去，到了阴间也安心呀。"老人沉思良久，没说什么，独自走远了。老人原来是老神仙，他大概是被这个女人的大仁大义感动了，到天庭替她求情担罪去了吧。

从此，人们为了纪念这个善良女人的义举，就在清明这天插柳戴帽，在祭祖的同时缅怀她。

四、七月半祭祖

纳西族是一个保持着祖先崇拜意识的民族，这是他们的民族心理中非常显眼的部分。农历七月，纳西族家庭开始准备接祖送祖仪式。每个家庭接送祖先的时间不同，一般是在七月十一接，七月十四送。象征祖先的牌位被擦洗一新，放在桌案正中，水果和点心供奉于牌位

前，一只象征香火的小香炉烟雾袅袅，另有一个火盆用来插祭献的香烛。家里在这几天准备了许多好吃的东西，每顿饭都要先祭献，让祖先回到家庭，享受人间乐趣。

为了祭奠祖先的英灵，纳西族人还要放河灯和孔明灯。古城里的住户在七月半期间的夜晚，把自己制作的各式各样的河灯放入门前的河道里，一时间红红的灯光影影绰绰，随波漂荡，像满河浮动的星星，穿越了奇形怪状的屋影树影，把思念的心愿带往远方。那期间，在高原的天空，夜幕深邃，万籁俱静；一团巨大的白色光团在天际游走，那就是孔明灯的身影。河灯和孔明灯都是纳西人迎送祖先的灯火，承载着他们的虔诚心意，放飞在天地的广远怀抱里，把这个民族梦幻飘逸的精神姿态写意在视线的最高领域。

五、中秋节

丽江的中秋是大地丰收的时节，欢悦的气氛充溢于每一寸山水田园。节日前数天，妇女们已经在街头不知疲倦地四处采购，遇到心仪的美食，就忙不迭地买下来带回家，准备在节日当天派上用场。月饼是她们用模子自己烤制的，茶盘大的月饼，做好后要送给亲戚家享用，一方面表达了关爱之情，另一方面炫耀了女主人的慷慨与能干。男人们崇尚名士之风，追求儒雅妙趣，总要邀几位好友登高赏月，写诗作赋，泛舟吟诵，抚弄乐器，自得其乐。上了年纪不能出门的老先生，到明月初上时，自然要拨开书房的门窗，备好纸墨，吮吸明月的灵气。有人则在庭院中央置一案桌，看家人围坐四周，桌上摆满各种吃食，自己却挪身到果树下，任清风掀动长衫，美妙意境浸润全身，到才思喷发，返身回屋，挥毫泼墨，一发而不可收。

中秋节当天的晚饭丰盛至极，到月上时，酒香还在飘散。桌上的东西摆不下，堆出了第二层、第三层，层摞层。干果有核桃、板栗、瓜子、松子。水果有苹果、梨子、海棠、香蕉、葡萄、甘蔗、桂圆、橄榄、黄果、柚子、橘子、芒果。孩子们一会儿就坐不住了，几家孩子混在一起做游戏，笑闹声安慰着书房里的老先生。明月当顶，爱月的人徘徊月下，或独自徜徉，或携手相伴，各得其乐。喧嚣很快就消停下来，只剩光明。银色安谧笼罩了众生。那是现代文明无法侵入的世界，一个圆满世界。

六、转山节

纳西族摩梭人的转山　（潘宏义摄）

每年农历七月二十五，宁蒗县泸沽湖畔的摩梭人都要不约而同地游湖，朝拜格姆女神，延续成了一个特别的民族节日。相传格姆女神守护着一方水土，她美丽动人，法力无边，受到了人们的爱戴敬仰。转山节这一天，男女老幼成群结队地来到格姆山下，烧香念经，祈求神灵保佑风调雨顺、人畜兴旺，人群铺天盖地，场面蔚为壮观。像祭天仪式一样，摩梭人通过转山节加强了民族的认同感与凝聚力，是摩梭人最重要的文化活动之一。

七、火把节

纳西族的火把节在农历六月，一共三天。家家要扎制装饰着鲜花

和野果的大火把，摆在自家门口。路口广场要竖立特制的大火把。到晚上，年轻人点燃火把在田间地头游行，口诵“大吉大利”，祈求丰收吉祥。仪式之后，将火把汇集到开阔地，举行跳火把仪式，人们从火焰上跳跃而过，意为驱邪避魔，孩子们乐此不疲。节日期间，要准备佳肴祭祖以求平安吉利。

八、三月会和七月会

三月会和七月会是丽江的旧俗，以骡马交易为主，是民间最热闹的商品交易会。农历三月和七月，四面八方的人赶着牛马，青年男女穿着节日盛装，会聚于固定会场进行物资交易。

旧时丽江，每年农历三月间有一个大型祭祀龙王、祈求丰收的活动。届时人们会聚象山脚底黑龙潭畔，举行仪式，载歌载舞，从事物资交易，热闹非凡。活动延续 5～7 天，此时正值春天，花香鸟语，万物生机勃发，人们把美好希望寄托于新年，徜徉于青山绿水之间，其乐融融，乐而忘返。

每年农历七月，在狮子山后坡（新中国成立后改到象山南麓红星会场）举办会期 10 天的骡马物资交流会，这是丽江最大规模的民间商贸活动。交易物资以骡马等大牲口为主，届时四面八方的村民会聚现场从事大牲口交易，丽江周边的村民也不辞辛苦远道而来参加贸易活动，年轻人在会期寻找自己的意中人。

丽江马擅长长途跋涉，负重行走于崇山峻岭，一度被作为军马备选，周边州市对这种马匹更是供不应求，扬名中华大地。

丽江人热爱生活，每逢节日，男女老少穿戴一新，走亲访友，尽情玩耍享乐，乐不思蜀。如今的三月会和七月会依然举行，但主题已不是骡马交易，而是生活物资贸易活动。在会场上，一排排临时商铺林林总总，商品琳琅满目，应有尽有，只要你有足够耐心，甚

至可以花不多的钱买到精美的玉器和缅甸、泰国、老挝、越南的特产。名贵中药材、国外化妆品、全国各地来的地方土特产、时尚服装最受大众欢迎，各种小吃、美食更是生意兴隆，使人流连忘返。上班族也会忙里偷闲，在晚饭后散步时索性走到会场浏览一番，买几件事先没有想到的合心物件，获得一份意外的惊喜。

第三节　民风民俗①

一、结婚

改土归流之后，丽江社会稳定，婚姻文化大量引入了汉族地区的内容，形成了延续至今的婚俗文化形式。

婚姻是家庭生活中的大事，不可马虎失礼。谈婚论嫁先要问名，往往在孩子几岁的时候，终身大事已在父母考虑之中，找到合适时机，双方家长就会提起孩子的终身大事，如果有缘，事情就基本确定了。接下来要请媒人提亲，双方父母经过仔细考虑后作出决定，一旦承诺就不得反悔。事情确定后，要喝定酒，互赠礼品，互称亲家。结婚前三年，媒人要每逢节日带着礼品米、酒、糖到女方家求娶该女，女方家长留下米和糖，退还酒，意思是还不到出嫁的时候。这种请求和拒绝也是一种仪式，表示两个家庭对这个女孩子的珍重。

① 纳西族习俗的多样性是由不同的自然和人文地理环境、社会制度和历史文化变迁等诸多因素造成的，如清雍正元年（1723年）在丽江实施的“改土归流”，就是清朝统治者进行“划江而治”的组成部分，即在今日丽江古城为中心一带地区改判流官，强力实施“以夏变夷”的移风易俗，而今日以永宁为中心的泸沽湖地区则仍然实施明朝以来的“羁縻”制度，即过去史家所说的“以夷制夷”，故今日，两个地方的纳西族习俗有着较大的差异。后者更大程度上保留了纳西族较原始的风俗习惯。

婚期的确定非常关键，双方家长要请媒人参与，请专人看日子择吉期。根据两个孩子的生辰八字，按照相生相克的原理，尽量排开相冲犯的时间，寻找到使双方相生的时日。吉日择定后写在红纸上，由双方家长收藏。

男方家要举行安床仪式。新床要请专人来铺，一般是女性长辈，而且是多子多福、德行完满、备受尊重之人。床上要放松子、桂丁、小枣等物，预意早生贵子、幸福满堂。新郎要邀约家族里的小男孩与自己同睡，称为压床，视为大吉利。女方家要举行洗头礼。

结婚前一天，男方家要送肉、茶、盐、酒、首饰、蜡烛、衣物等大礼到女方家，最重要的是送一封请柬，上面写着恭敬奉承的话语，表示男方家诚心邀请女方家亲友光临婚礼。为显示女方家的持重与别离之痛，除送亲的年轻人外，女方家的亲属一般都不会在男方家的婚礼上亮相。

迎娶之日，喇叭、唢呐齐鸣，两桌酒席隆重送到女方家，供奉在祖先牌位前祭献。送新娘出门时，要拜谢祖先父母，由兄弟将新娘背到门外放上轿子，送往婆家。新娘入洞房，插花绞脸装扮。入夜，几个小伙子来闹喜房，目的是帮助新人彼此亲近。

宴席上，新人要双双敬酒。待客完毕，新人要认识亲属，记住称谓。新房内要摆一桌酒席，新郎带着几个小男孩陪新娘吃饭。婚后第二天，女方家设宴待客，新人回门。女方家要刻意灌醉新郎，意思是舍不得新娘去往婆家，只好让新郎大醉不能成行，以示挽留之意。

今日的纳西青年往往在有了意中人之后才订婚或直接结婚，终身伴侣是他们自己选择的。婚礼时他们穿西装和婚纱，仍然保持着安床、择日、压床、互赠信物、闹喜房等习俗。

二、丧葬

纳西族人视死者为祖先，葬礼成为一个人一生中最重要的仪式。在东巴们的吟唱中间，民族神秘的送魂路线渐渐明朗，每个纳西人都希望自己去世后能回到祖源故地与历代亲人重逢，这就需要特别的仪式来超度亡灵。死者落气前，亲人要轮流日夜守护，保证死者能在落气时接到“含口银”。每位死者都要通过“七七”四十九天的仪式前往祖源故地才能加入祖先的行列，过着与生前一样的生活。所以，每一个步骤都做得有条不紊。旧时，死者在去世前会指定要某某东巴为自己超度，死者的话好比圣旨，不管相隔多远，家人都要找到那个东巴家请他来做法事，东巴本人也以此为荣耀，不会因为年老或路途遥远艰险等理由拒绝死者家人的请求。一七包含报丧、吊唁、入棺、下葬、复山等环节。四七由出嫁的女儿操办，表达对父母的感恩之情。百日满时，要上坟扫墓，焚烧孝布等物品。此后要做一年斋、两年斋、三年斋，三年斋后才可贴红对联，丧事也才算正式结束。

三、殉情

殉情是丽江独有的风俗。旧时的丽江青年男女在一起劳动嬉戏，过着无忧无虑的生活。自由交往为男女青年提供了相知相爱的机会，有情人情投意合结为情侣，幸福笼罩着他们的世界，使他们忘却了人间的种种烦恼。20 世纪 80 年代，每逢节日，纳西族青年男女排成长队招摇过市，有心人暗中寻找着自己心目中的伴侣，场面之壮观热烈，可见出民风的开放、民情的淳朴。

纳西族人婚前男女自由交往是古老的开放风俗，年轻人可以尽享其好处，但婚姻是必然的人生经历，配偶却要由父母、媒人来指定，所以，最常见的事实是，当一个人被父母安排了终身伴侣时，那伴

侣却只是父母根据全面权衡作出的选择，不是当事人之所爱，悲剧就此发生。大多数人不得不放弃自己的情感对象，顺从命运的安排，与父母指定的伴侣生儿育女，劳作一生。但有些父母却遭到了强烈反抗，往往是在婚期临近时，当事人失踪了，数天以后，他们的遗体被发现，原来，相爱的人不惜以死来捍卫他们的爱情，他们相约于某处殉情了。旧时，儿女订婚后，父母会严格守护他们，防止殉情事件的发生，但防不胜防，悲剧还是不时发生。

从殉情现象不难看出纳西族人的某些性格特征以及他们独特的情感方式与心理状态。

四、化赕

化赕古俗在丽江延续已久。加入一个赕，意味着自愿跟一群人组成一个相互帮助的小集体，有相应的权利和义务。赕里的成员轮流坐庄，当轮到某人做庄主时，成员们要拿出一定数额的物资或资金给庄主，庄主则准备好酒好饭款待大家。做赕不仅是为了解物质上的燃眉之急，更是为了交流感情，体验人情温暖。当某人急需物质帮助时，可以提出提前做赕的要求，大家都会理解并响应。当大家聚到一起时，可以拉家常、打牌、游戏，甚至诉苦发泄悲伤与怨气，都能得到大家的安慰。赕不仅起到了原始银行的作用，更是一个情感小群体，支撑着成员之间的情感交流需求。

在物资欠缺、生活拮据的年代，赕的存在往往在四面楚歌的关键时刻显示出集体力量的支撑作用，帮助主人公渡过难关。到了今天，人们的注意力不再停留在小份额的集资上面，更注重的是成员之间的情感联络与交流，组赕的方式也更加多样化了。应该看到的是，由于有各种各样的赕的活动，丽江的人情味始终那么浓厚、热烈，倒是成了一道显眼的风景。

五、走婚

泸沽湖畔的摩梭人[①]保存着古老的母系婚姻状态，成为人类文化的活化石。当孩子们举行了成丁礼，就意味着他们已经可以开始社交活动，有自己的私生活世界了。从那时起，他们可以自由结交异性，与意中人结成阿夏。每当夜晚来临，摩梭男子就去往阿夏家留宿，次日天不亮返回。当阿夏双方不愿再延续阿夏关系，可以自然解除。

六、民族习俗及禁忌

1. 敬畏自然

只要是纳西族人生活的地方，水像神灵一样受到敬畏和爱护。泉口、水井、沟渠边严禁大小便，不许洗脏东西，不许杀生。山林、石头等自然物也不得冒犯。这种古老的民族习俗使纳西人生活区的自然环境得到了最充分的保护。

2. 敬畏祖先

纳西族人对祖先非常敬畏，逢年过节都要祭拜。死者得到了最大程度的尊敬，当一个人去世后，亲朋好友和熟人同事都要前往吊唁，磕头敬礼，如奉神明。家中有丧者不能去别人家串门。

3. 禁忌

出嫁女儿大年三十不得回娘家吃年夜饭，因为女儿的灵魂已经从家庭集体灵魂中分出，送往夫家，对娘家来说是个外人，外人的灵魂在大年三十出现，会惊扰全家的集体灵魂，冲撞祖先。

不得轻易打蛇，要打就必须打死，否则视为不吉利。按照纳西人

---

① 纳西族学者杨福泉指出，永宁纳西族目前普遍的被称为“摩梭人”，此非族自称。永宁纳西人的自称是“纳”(naf)。

的古老观念去看，死者在返回祖源故地途中显形为蛇，所以对待蛇必须十分谨慎。

不能在家里唱情歌、谈男女之事，不能哭泣或用哭腔说话，不能谈论殉情之人或死人，否则将引来灾祸。

新房竖梁，妇女不得到场，否则房子将不牢靠。孕妇不得进新婚夫妇的新房，不得坐别家的床。

不能在家吹口哨，因为会引来鬼怪作祟。

不能用寺庙里的东西和砌坟墓用过的石头，否则会带来不祥。

不能朝着树撒尿，这样会惹怒猎神，带来灾难。

第四章

“纳西若命”——纳西族人口

第一节　纳西族人口概况

今日的纳西族主要分布在云南、四川和西藏三省毗邻的澜沧江、金沙江及其支流无量河和雅砻江流域，在东经 98.5°～102°，北纬 26.5°～30°，略以长江第一湾流至东经 100°4’处自南向北分东、西两个区域，具体分布于 3 个省区（滇、川、藏），6 个州市（丽江、迪庆、凉山、甘孜、昌都、攀枝花），13 个县（玉龙、古城区、香格里拉、宁蒗、维西、永胜、盐源、木里、华坪、德钦、芒康、巴塘、盐边）境内，大约 8 万平方公里的范围内，总人口超过 32 万人。

一、人口历史回顾

1964 年，在丽江县漾弓江木家桥发现古人类头盖骨化石，被定名“丽江人”，属于旧石器时代晚期人类遗骸，距今 5 万至 10 万年，说明在如今纳西族聚居的地方是中国古人类活动的地区之一。

据《汉书·地理志》、《后汉书·郡国志》等史料记载，西汉时丽江地区辖于越嶲郡，郡辖 15 县，人口 488 450 人。之后，在《旧唐

书·地理志》、《蛮书》、《元史·地理志》、《木氏宦谱》等史书中都有关于丽江人口的记载，但缺乏旁证材料。据纳西族史学家郭大烈先生分析，元朝明代至清中叶，丽江社会安定，没有大的战火瘟疫，纳西族人口稳定增长。19世纪中期起，丽江境内战火纷纭，人口大减。到1920年，丽江纳西族人口大约有5万人。

二、人口现状

伴随着全国民族识别工作的展开与全国人口普查工作的深入，丽江纳西族人口终于有了准确的数目，这是时代进步的一个显例。

新中国成立后到改革开放初期纳西族人口增长比较明显。1953年第一次全国人口普查纳西族总人口为14.35万人；1964年第二次全国人口普查为15.68万人，此一阶段人口增长率为9.27%；1982年第三次全国人口普查为25.16万人，此一阶段人口增长率为60.46%。这说明新中国成立后，社会稳定，经济得到快速发展，人民群众的生活水平有了较大的提高，生活质量得到明显的改善，医疗卫生条件有了很大改观，因而人口也有了大幅度增长。

1990年第四次全国人口普查资料显示，纳西族有27.8万人，主要分布在滇、川、藏交界的横断山脉地区，其中绝大部分在云南省，共26.6万人。丽江纳西族自治县（按：2003年撤地设市，其名称已改为玉龙纳西族自治县）是主要聚居地。有18.5万人，占该县总人口的58%，占全国纳西族总人口的2/3。

据第五次全国人口普查资料显示，纳西族总人口在全国少数民族总人口排名中位列第26位，2000年纳西族人口为308 839人，其中男性154 971人，女性153 868人，性别结构基本平衡。主要分布于滇、川、藏交界的横断山区之中，其中集中分布于云南省，共有人口295 464人，占纳西族总人口的95.67%。

2003 年，丽江地区撤地设市，全市总人口 1 118 835 人，其中纳西族 234 832 人，占全市总人口的 20.99%。2008 年，全市户籍人口 1 194 995人，纳西族 241 776 人，占全市总人口的 20.23%。2010 年第六次全国人口普查初步资料显示，丽江市总人口为 1 244 769 人，其中纳西族人口为 240 580 人，男性为 120 622 人，女性为 119 958 人，纳西族占全市总人口的 19.33%。可以看到纳西族人口占丽江人口的比例在不断下降，这说明丽江的经济、社会发生了较明显的变化，外来人口陆续进入丽江，丽江纳西族人也有许多人走出去谋求发展，过去严格的户籍管理制度有了松动，人口流动已处于活跃期。

据第六次全国人口普查资料显示，全国纳西族总人口为 326 295 人，平均预期寿命为 68 岁，男性为 162 635 人，占总人口的 49.84%；女性为 163 660 人，占总人口的 50.16%。人口性别比为 99.37（以女性为 100，男性对女性的比例），相对平衡，这对于纳西族社会的稳定和将来的人口发展来说是一个良好的前提条件。

在全国范围内，纳西族居住在城市的人口为 78 456 人，占总人口的 24.04%；居住在城镇的人口为 39 339 人，占总人口的 12.06%；居住在农村的人口为 208 500 人，占总人口的 63.90%。这组数据表明，在进入 21 世纪后，纳西族人的生活有了新的转变，开始步入了城市化进程。

三、人口趋势

自新中国成立以来，纳西族人口发展总趋势是在逐年增长，但由于社会和自然原因，人口发展过程中又有明显的不平衡性和阶段性。从人口发展的总体来看，纳西族的人口经历了从“三高”（即高出生、高死亡、高自然增长率）到“三低”（即低出生、低死亡、低自然增长率）的转变。纳西族人口经历了两次人口增长高峰，1949—1958 年为

第一次人口增长高峰期，这一时期，由于社会发生重大变化，结束了长期社会动乱，人民得以安居乐业；特别是实行了土地改革，解放了生产力，经济发展较快，城乡人民生活水平有了较大的提高，生活质量得到明显的改善，人口出生率迅速提高，死亡率开始下降，人口增长较为快速。同时，传统生育观念的影响和无计划生育状况也是人口增长的因素之一。1959～1961年，人口总量下降，出现负增长，主要原因为三年自然灾害影响。1962～1973年，人口持续增长，为第二个高峰期。①

第二节 纳西族人口分布特征

纳西族是一个在多种地理特征和多元民族文化交融的环境中生存的民族，过去是，现在是，将来仍然是。掌握了这一点，对于了解纳西族居住区域分布特征，无疑是至关重要的。

纳西族著名历史学家方国瑜先生认为，纳西族是“羌族的远支成为单一的民族”（《麽些民族考》），“纳西族渊源于远古时期居住在我国西北河湟地带的羌族，向南迁徙至岷江上游，又西南至雅砻江流域，又西迁至金沙江上游东西地带”。（《纳西象形文字谱·绪论》）另据《纳西族史》记载：纳西族居住在滇、川、藏交界的横断山脉地区，背靠青藏高原，面向云贵高原，境内六江南流，八山对峙，形成了独特的自然环境，纳西族就在这种环境中生存和发展。

在这段简短的史料文字中，我们可以大概了解到纳西族人居住的大致地理范围。除开历史上的民族迁徙，政治上行政区域划分变动，纳西族支系族人自我称谓变异及对此专门定位等几个复杂的专业性

① 丽江市人口与计划生育委员会．丽江市人口与计划生育志．昆明：云南出版集团公司，云南美术出版社，2011：14～18.

问题，我们可以肯定地看到，今天的纳西族分布在云南、四川和西藏三省区域毗邻的澜沧江、金沙江及其支流无量河和雅砻江流域，大约在东经 98.5°～102°，北纬 26.5°～30°之间，及 3 个省区（滇、川、藏），6 个地州市（丽江、迪庆、凉山、甘孜、昌都、攀枝花）13 县市区（玉龙、古城区、香格里拉、宁蒗、维西、永胜、盐源、木里、华坪、德钦、芒康、巴塘、盐边）境内，大约 8 万平方公里范围内。

中国境内民族分布的特点是“大杂居、小聚居”。所谓“大杂居”，是指在平面分布上，汉族与少数民族及少数民族与少数民族之间，在全国大部分地区都呈现出相互穿插、交错杂居的恢宏局面；所谓“小聚居”则是说我国各少数民族都有自己特定的聚居区。

“民以食为天”，“一方水土养一方人”，说明人口分布及生存方式受自然条件的制约。纳西族主要聚居地丽江，其地理位置处于青藏高原东南缘，滇西北横断山脉纵谷地带的东部，地形趋势为西北高、东南低，其间有 111 个大小不等的坝子星罗棋布于山岭之间，海拔都在 2000 米以上。由于海拔和金沙江高峡造成全区立体（或称三带）气候的特点，海拔和气候对人口分布有直接影响，主要反映在以农业生产为主的布局上。

纳西族在唐宋以后迁徙并主要定居在丽江以来，其生产生活方式已由原来的游牧经济逐渐过渡到以农耕经济为主、游牧及其他副业为辅的生产方式。横断山区自然资源立体分布，不同气候地带资源丰富，且种类繁多，尤其坝区，当地居民只要勤于耕作，就容易得到温饱，所以主要从事农业的纳西族人口数量在地域上的分布特点如下：一是东南部人口多、密度大，西北部人口少、密度低，两者之间相差将近一倍；二是坝区人口密度高，山区密度低，两者之间相差也将近一倍。人口密度自西北向东南倾斜。

从行政区域来看，纳西族人口分布以丽江市玉龙纳西族自治县、古城区为主要聚居地，构成所谓“小聚居”的格局；其余人口散居滇、川、藏各地，与其他民族和睦相处，此所谓“大杂居”。

随着越来越多的其他民族人们涌入丽江成为新丽江人，同时为数不少的纳西族人走出大山，跨过长江，向内地、向沿海，乃至大洋彼岸，创建美好的生活，实现绚丽的梦想……在敦厚淳朴而又积极进取的纳西族人看来，无论走到哪里，哪怕是天涯海角，心中都要记着自己是“纳西若命”（意为纳西儿女），记着玉龙山的雪光，金沙江的云霞……

第三节 文化教育状况

纳西族在明代就以“知诗书”著称，清雍正初“改土归流”后，热衷于学习汉文化，并出现了一批获得“功名”的士大夫和用汉文写作的诗人、作家。据清光绪《丽江府志》记载，自改流开科到清末共180年间，丽江纳西族中产生了翰林2人、进士7人、举人60多人（含武举人），副榜、优贡以及其他贡生200多人，有诗文传世者50多人，其中有的诗文被收进《古今图书集成》、《四库全书》等全国性书刊。

光绪三十一年（1905年），丽江高等小学堂创立，这是纳西族地区最早创办的一所新式学校。不久，又成立了丽江府中学堂（此今日丽江市第一中学的前身），1906年开始招生，设有国文、算学、史地、格致（自然）和音体美等课程。由于有了这两所新式学校，才有了清末民初到日本留学的周冠南、李汝炯、李耀商，到法国巴黎大学留学的李如哲等，这些人物的事迹至今仍为纳西人所津津乐道，他们的名字在今天纳西族人教育子女时常常被提起，他们的业绩对纳西族青年一代形成读书上进的风气，颇有影响。截止到1923年，丽江已有公立初小、高小91所，教育事业粗具规模，产生了纳西族教育家“和氏兄弟”和志钧、和志坚，杨超然，也出现了纳西族自民国以来第一批大学生，如就读于北京师范大学和北京大学的方国瑜、就读于东陆大学（今云南大学）的赵银棠、就读于燕京大学的周杲、就读于中国大学的李寒谷等。

新式教育和现代学术的分类，促使许多纳西族知识分子开始学习自然科学。如李烈三曾就读于暨南大学日用化工专业，余仲尧曾就读于上海同济大学理学院化学系，和惠祯赴美国留学获矿物学博士学位。其中，杨凤在西南联大化学系毕业后，赴美国依荷华大学留学，新中国成立后成为著名的动物营养学家。

相关链接

纳西族著名历史学家——方国瑜（1903～1983年）

方国瑜出身于大研古城五一街书香世家，九岁开蒙，勤奋刻苦，打下坚实基础。1924年考进北京师范大学预科，参加了进步学生的爱国运动。1930年春考取北京大学研究所国学门研究生，同时就读两校，先后师从钱玄同、刘复等著名人物，学业精进，所著《中国道教史》一书深得名师赞赏器重，毕业后任教于多所院校。1933年回到丽江，深入民间，调查、记录了大量东巴文化资料。1936年起任教于云南大学，先后担任文史系教授、文史系主任、文法学院院长。方国瑜是云南省最为优秀的学者之一，著述丰厚，教书育人47年，曾担任云南省民委委员、全国人大民委委员、九三学社云南省工委副主任、全国史志编纂委员会顾问、中国西南民族研究学会顾问、亚非学会理事、中国教育学会理事、云南省民

族研究所副所长、云南民族学院顾问、第一二三届省人大代表、第五六届省人大常委、第三四五届全国人大代表。

新中国成立后，纳西族教育事业蒸蒸日上，蓬勃发展，无论是受教育人口数量，还是受教育程度，都有了质的飞跃。据 1985 年的统计，纳西族的大专生比例为 0.6%，中小学生比例为 17.14%。1982 年第三次全国人口普查，丽江县每 10 万人口中就有大学生 267 人；1990 年第四次全国人口普查，每 10 万人中的大学生人数增加到 756 人。领先于云南省汉族和其他 24 个少数民族，12 岁及 12 岁以上人口的文盲率为 37.42%，成为云南省继布依族（35.65%）之后文盲率最低的少数民族。

进入 21 世纪，丽江的社会、经济、文化发生了日新月异的变化。2000 年第五次全国人口普查资料显示，纳西族人口的文化结构发生了较大的变化，特别是初中以上文化程度的人口所在比例明显提高。初中文化程度人口占 6 岁及 6 岁以上民族人口的比例为 28.76%，高中文化程度人口所占比例为 5.65%，中专文化程度人口占 4.17%，大专文化程度人口占 1.56%，本科文化程度人口占 0.51%，研究生文化程度人口占 0.0076%。

据第六次全国人口普查资料显示，纳西族 6 岁以上总人口有 307 242人，其中男性为 152 785 人，女性为 154 457 人。6 岁以上受教育率（小学及其以上）为 92.35%。未上过学的人口为 23 495 人，占总人口的 7.65%，上过小学的人口为 105 359 人，占总人口的 34.29%；上过初中人口为 103 015 人，占总人口为 33.53%；上过高中为 39 320 人，占总人口的 12.80%；大专为 20 933 人，占总人口为 6.81%；本科为 14 308 人，占总人口的 4.66%；研究生为 812 人，占总人口的 0.26%。

通过以上两组数据的比较我们不难看出，随着全国义务教育普及程度的不断提高，随着纳西族聚居地社会经济文化的发展，尤其是教育范围的扩大和教育质量的提高，纳西族的整体文化水平有了明显的上升，特别是受高等教育情况进步显著，研究生在纳西族人口中的比例更是令人羡慕。

这些数据从另一方面也表明纳西族人的“天雨流芳”精神（纳西语，可译为“勤奋好学，读书上进”）在新时代又一次得到了事实的证明和精彩的发挥。“世界文化遗产——丽江古城”之所以声名远播，与纳西族人“勤奋好学，读书上进”的民族精神以及在党的领导下，纳西族儿女脚踏实地、不断创新是有着密切联系的。

第四节　人口流动

老一辈人常说的丽江是纳西人的丽江，然而时过境迁，今天的社会发生了前所未有的变化，改革开放以来，经济、政治、文化、思想观念都发生变化。自 1996 年以来，仅在丽江市古城区境内就出现了强劲的“进城热”，随着丽江旅游业的蓬勃发展，带动了酒店业、服务行业等第三产业的发展，越来越多的农村剩余劳动力涌入丽江古城，本地人口流动的趋势日益壮大。随着丽江知名度的提高，外来人口来丽江经商的规模不断扩大，随着房地产业如火如荼地展开，我们不难想象未来丽江人口流动的幅度将会进一步加大。人口流动在今日的丽江体现得十分突出。1996 年地震后，丽江的城区人口仅有 5 万人；到了 2012 年，城市人口已达到 20 万人；丽江将敞开胸怀迎接四方人士，到 2020 年，城区人口发展目标是达到 50 万人。

20 世纪 80 年代初，丽江纳西族人外出基本类型：求学、参军、工作调动、少数人从事对外贸易。茶马古道上的商人和马锅头则另当别

论，他们始终是以出发点为目的地的，出去是为了回来，而且是周期循环、有节奏地回来。

外出首先得考虑其必要性，其次还得考虑其可能性。丽江过去交通不便，不通公路时一个学生上昆明读书随马帮要走 17 天，通公路（一般公路）后 3 天可到昆明，到 20 世纪 90 年代初，坐夜班车到昆明最快要 8 小时，中途不免忐忑不安。近年来丽江有了机场，有了火车站，这是丽江纳西族历史上值得大书特书的大事件，这意味着普通的纳西人安全外出的时代已经到来，丽江与外界的联系已经四通八达。

还有一件有趣的事情值得在此略说一二，过去有一句广为流传的笑话说是“天不怕，地不怕，就怕纳西人说普通话”。外出不可避免地要与人打交道，实际上纳西人很少外出，其中一个重要原因就是担心评议交流困难。如今，随着教育的普及与对外交流的扩大，这种由于语言交流而造成的尴尬已渐渐变成了人们茶余饭后的玩笑，当初隐藏在后面的黑色幽默意味已经淡却。走出去，这是时代所然。据第六次全国人口普查资料显示，目前全国范围内纳西族人口总数为 326 295 人，其中旅居昆明人数超过 1 万人，其比例高过云南省境内其他少数民族。纳西族人在四川省的人口已突破 1 万人，其次在西藏自治区有 1133 人，在其他各省市超过 200 人以上的有：浙江省 634 人，北京市 554 人，广东市 499 人，重庆 421 人，贵州省 353 人，江苏省 329 人，上海市 287 人，河北省 259 人，山东省 256 人。一个总人口 32 万人的民族，就有八万多人在聚居地之外发展生存，足迹遍及各地，从此不难看出这个民族精神气质的一个侧面。

丽江正在成为“世界的丽江”，这意味着丽江市已经是一个国际文化交流的平台。1996 年丽江旅游业刚起步时，城区人口仅有 5 万人，到 2011 年已达 20 万人，2020 年将达到 50 万人。丽江将成为最典型的“移民城市”，有不可估量的发展前程。

第五章

人间家园——婚姻与家庭

第一节　生　育

一、妇女地位

诗人说："伟大的女性指引我上升。"

但是，假如时光倒退 200 年，那么，无论在深受儒家思想影响的中国，还是沐浴在基督之光下的欧洲，提起"妇女地位"这一话题将有冒大不韪之险。那时的妇女在男权社会中并没有多少地位，男人们可以崇拜女神，可以朝拜女王，就是不愿意把妇女看做和自己一样有独立人格的人，这是人类社会一个奇怪的现象。

现代社会的一个显著特点是"妇女地位"问题得到凸显和全方位的关注。女性主义、女权主义等口号的喊出，女性解放运动的兴起，从某种意义上来说，表明人类社会已进入现代阶段，现代不仅仅只是一个表示时间的概念。

在众多古老的东巴经和历史记载以及延续至今的语言、民俗中，我们可以明显地看出纳西族妇女在古代相当长的时期是有着比较高的

社会地位的，她们在宗教、战争和社会生活中都扮演着十分重要的角色，如纳西族民间最大的节日“祭天”所祭对象就是女系远祖——纳西女始祖衬红褒白的父母亲，即天神子劳阿普和地神衬恒阿仔夫妇，这反映了纳西先民对母系血缘的重视。纳西族崇拜女神、女英雄，有很多歌颂女神、女英雄的神话传说，甚至在语言上也反映出以女性为大、女性在先的社会习俗，纳西语中以“女”为大、以“男”为小，以“母”为大、以“子”为小。在一些固定词组中，女性在前，男性在后，如汉语“夫妻”，用纳西语直译则为“妻夫”就是一个意味深长的现象。

纳西族人突出的重男轻女风俗是在“改土归流”后逐渐形成的，也就是说，在以东巴文化为核心的古代纳西族传统文化中是男女并重，甚至女性在先的。自清朝雍正元年（1723 年）丽江“改土归流”以后，中央派来的官吏在丽江强力推行汉化政策，封建政权向丽江纳西族社会全面灌输三纲五常的观念，并依此“以夏变夷”，移风易俗。纳西族妇女被“三从四德”的封建礼教紧紧束缚了身心。在丽江，各种带有浓厚封建色彩的重男轻女习俗不断形成，女性地位每况愈下，在纳西语中出现了一个新名词“命垮”，意为“贱女子”、“坏女人”，很多歧视妇女的陈规陋习也逐步形成，直至积重难返。不堪忍受生命之重的纳西族女子，其刚烈的民族性格使她们毅然决然走上了轻生的道路，殉情，就是其典型例证。

清朝以来广泛流行的纳西族民歌中，妇女悲歌占了很大比重，这些悲歌中贯穿着一种浓重的悲伤怨愤、低沉凝重的感情基调，反映了纳西族妇女在社会生活中所遭受到的种种苦痛。有首民歌唱到“下辈子就是做只青蛙，也不愿投身为女人了”，让人百感交集。有关纳西族妇女在新中国成立前的地位的详细论述，读者可参看纳西族女作家赵银棠所著《旧社会的纳西族妇女》一文，赵女士身历新旧两社会，当

年违抗父母之命，毅然从事教育文化事业，在抗日战争期间曾到过延安、重庆，其经历在现代纳西族女性中，堪称传奇。

纳西族女性以勤劳能干而著称。虽然有悲歌倾诉她们身心的苦痛，但在更多时候她们是乐观幸福的，执掌门户的主人翁是她们，养老扶助的功臣是她们……

新中国成立后，纳西族妇女的地位发生了翻天覆地的变化，原来的重男轻女现象逐渐消失，男女平等的观念已逐步深入人心，纳西族女性中出现了政治家、诗人、作家、教授、工程师、企业家等时代风云人物。曾有人不乏幽默地描摹纳西族家庭生活情景，说一个是“琴棋书画”从事“精神生产”的丈夫，另一个是“披星戴月”从事“物质生产”的妻子，两者圆满结合书写了夫唱妇随的幸福人生。真实的情况是，今天的纳西妇女不仅是任劳任怨、相夫教子的大地母亲角色了，越来越多的纳西族女性正在社会的大舞台上用自己的智慧与才华尽情演绎人生价值，不断书写着华美的篇章。

二、生育习俗

生育习俗，来自与此相关连的生育观念，它与一定的社会文化有着密切的联系，并体现出社会总体发展水平。

在纳西族东巴经书中，记载了古老的生育观念：愿子孙兴旺如满天繁星、满地青草；生9男建9寨，生7女辟7方；弥漫着强烈的生殖力崇拜意识。纳西族妇女身上的羊皮披肩，其外观摹写的正是生殖力让人类艳羡不已的青蛙，其比喻意义就在于希望把青蛙的生殖力“复印”到妇女身上，以求得家族和民族的兴旺发达。

纳西族历史由母系社会进入父系社会以后，生育观念中男女并重的意识向重男轻女倾斜。到明末清初，丽江纳西族进入封建社会以后，在家庭形态上已牢固确立了父权制，重男轻女现象已普遍化，加之受

汉文化影响日深，“不孝有三，无后为大”，“弄璋弄瓦”等一些汉族封建伦理观念与习俗开始落地生根并在丽江古城等文化发达区域内迅速蔓延开来。

值得注意的是，尽管重男轻女，但纳西族绝少出现溺死女婴的事件，纳西族人对生命向来敬畏，认为一个生命只要出生，就没有什么理由剥夺他生存的权力，杀生是罪大恶极之事，溺死女婴更是匪夷所思。

如今，在纳西族人的生育观念中，重男轻女的色彩越来越淡，“只要健康聪明、活泼可爱、男女都一样”的新观念越来越受到勤劳务实、与时俱进的年轻一代父母的拥护，这些观念，正影响着人们的生育行为。

纳西族的生育观念经历了推崇“多子多孙，重男轻女”到“少生优生，男女一样”的历史变化，其间时间跨度以千年计，中间的悲喜剧，我们今天在纳西族文学与民间歌谣中还能看到，还能体会到在过去的岁月里，一个人的性别究竟会在多大程度上决定或影响他或她的命运。

一个人在人口统计中只是一个不带任何感情色彩的数字，在一个国家或民族中，只要不是名垂史册的人物，那也大可忽略不计，但一个人对一个家庭和他（她）自己而言又意味着什么呢？我们可以通过研究纳西族的生育习俗来寻找答案。

怀胎 妇女受孕是喜事，有条件的人家在饮食和劳作上要刻意照顾，对孕妇的禁忌也多，如不能进入新婚人家的新房，以免带来不祥；不能经过正在修建的房屋，以防屋子倒塌；不能吃兔子肉，防止生下的小孩豁嘴等。

诞生 在过去，丽江地区，产妇临产前要请东巴前来家中举行小祭风仪式，其目的是驱赶鬼怪对产妇和即将诞生的婴儿的侵扰，确保母子安全健康。

头客 孕妇生产在即，村里人要尽量避免进入其家。如果有人恰逢生产时误入其家，这个人便被称为“头客”。一般认为，头客的性格、长相、身份等都会对婴儿的一生起决定性影响，因此，主人家自然希望那些名声好、聪明、漂亮的人来当头客，一般人则尽可能回避之。

认舅 民间有俗话：“纳西舅为大”，舅舅在家族中是享受最高尊崇的人。婴儿诞生之后，新生儿的父亲就要于次日带上几碗米酒去产妇娘家报喜，此谓之“认舅”，是纳西族生育习俗中必不可少的一项。

剃胎发 婴儿生下一周后就要为其剃去胎发（留下脑门心部分不剃），并用红纸包起来保存。

坐月子 产妇生产后要卧床一个月，其中，前七天不能起床，不能干活，不能动凉水，每日三餐必吃鸡肉，喝鸡汤，早晚米酒鸡蛋红糖相调养，防止落下病根，遗患终身，这就是纳西族产妇的“坐月子”。坐月子细节繁多，约束严格，都是为了保护母子身心健康。

受礼 “受礼”在纳西语中叫“开余”，类同汉族的贺生。在纳西族地区，一般在婴儿生下后满月要举行受礼仪式，接受村邻亲友前来贺生。届时孩子的名字（取名在纳西族生育习俗中占有重要地位，一般由祖父或族中长者赐名，在丽江坝区，给小孩取的名字，有纳西名，也有汉名，一般幼时叫纳西名，入学用汉名。）将会写在大红纸上装框悬挂起来，这意味着这家人里增添了一个叫×××的新人，今后请天地神灵保佑，大家好生照料，让他或她茁壮成长。婴儿外婆家一般要给新生儿一副银手镯，经济条件较好的，外加一挂银质长命锁。

生日 这是纳西族生育习俗中新增的内容，是纳西族人生活水平普遍提高和受汉文化影响日渐深入的产物。一般在婴儿周岁那天要办生日宴大宴宾客。

拜干爹干妈 在丽江等地，婴儿诞生后，如果父母体弱，就要拜干爹干妈，以借其生命力保护婴儿。所拜干爹干妈都为身体强健、名声好、家中人丁兴旺者，他们的主要作用是为婴儿起小名，并与其家庭终生交往，类同亲戚。

成人礼 过去，在纳西族地区，孩子长到 13 岁，要举行成人礼，男孩穿裤子，女孩穿裙子，从此意味着他或她已长大成人，要开始履行人生的权利与义务了。至于为什么选在 13 岁举行成人礼，纳西人认为，人的属相分十二，每转一轮表示人生的一个阶段，13 岁是人生的第二阶段的伊始之际，因此要以穿裙穿裤标志人生新阶段的开始。目前在宁蒗泸沽湖边摩梭人中，此礼尚存。行礼时，村人聚集，男孩或女孩站在猪膘肉上，接受亲人祝福，预示未来丰衣足食。

成人礼在大年初一举行。届时，主房火塘烈焰熊熊，人们摆好贡品，安排女孩子站在右边，男孩子站在左边，双脚踩在猪膘肉（宁蒗地区一种特制的腊肉，将猪完整剖开，将作料均匀涂抹于猪身，闭合后腌制而成）和粮食袋上，手持银元，表示一辈子丰衣足食。女孩子的母亲给她穿上新裙子，扎好红腰带，把发辫盘在头顶，戴上各种首饰。男孩子的舅舅为他穿上新裤子，佩带腰刀，拜祭锅庄。达巴（摩梭人的祭司）向祖先祈祷，祝福孩子们长大成人，保佑他们终生幸福，前程无限。孩子们向母亲、舅舅及其他长辈磕头谢恩，长辈们向孩子们说各种吉利话表示祝福。

第二节 婚姻形态

婚姻指男女两性结合组建家庭，而且这种结合应为一定历史时代和一定区域内社会制度及其文化和伦理道德规范所认可的夫妻关系。婚姻关系的成立，意味着夫妻双方彼此承担着各项权利与义务。婚姻形态是一个能动的要素，它的演变与社会发展的进程交织在一起，与社会的经济基础紧密相连，与周围的地理环境相互协调。它如社会的一面镜子，反射出一个社会明显的文化形态和精神面貌。

关于纳西族婚姻形态，习煜华、丁立平两位女学者在其编著的《纳西族社会与婚姻形态》[①] 一书中，将其总结为神话记载中的兄妹婚、氏族婚，史籍记载的对偶婚、封建包办婚下的一夫一妻制，新中国建立后自主的一夫一妻制几种典型形态。

在旧时纳西族社会中，血缘婚和亚血缘婚的衍化遗风残存很久："不是舅父的儿子，不能娶姑母的女儿。""姑舅表婚"（交错为从表婚）直至新中国成立前还很盛行。按照父系的观念，兄弟的子女与姐妹的子女为姑舅表兄弟姐妹，他们之间有优先婚配的权利。纳西族一般只实行单方面姑舅表婚，从男子方面讲，就是娶舅舅的女儿，俗语说"阿舅则梅干"[②]（纳西语音译），意即阿舅的女儿我先娶了，称为舅表优先婚。民间认为，这是亲上加亲的最佳婚姻。[③] 此外，在纳西族有权有势的人家，男人"一妻一妾"，标明这时的纳西族社会已完全进入父系社会，并受汉文化的影响很深了。

封建包办婚下的一夫一妻制，即所谓旧式婚姻形态，盛行于19世纪至20世纪50年代初，以丽江坝子为典型区域（丽江坝子受汉文化影响大于其他纳西族聚居地区）。这一婚姻形态包括：土酋土司中的等级内婚制；"不娶外族"的民族内婚制；"画地为界"的地域内婚制等联姻制度。其间，重视子嗣、讲求经济利益、看重"门当户对"是婚

---

① 习煜华，丁立平．纳西族社会与婚姻形态．昆明：云南出版集团公司，云南人民出版社，2008．

② 笔者按："阿舅则梅干"释义有误，它的确切含义应为舅舅的儿子有优先权娶姑妈的女儿为妻，只有当舅舅家表示不娶时才能另嫁他人。纳西族民间有"天下母舅大"，"天上雷公、地下母舅"的谚语，外甥的婚姻要征询舅舅的意见，这在旧社会纳西族地区是天经地义的事情。

③ 郭大烈，和志武．纳西族史．成都：四川民族出版社，1999。

姻的重要内容，这一点与汉族没有多大差异。恋爱自由与婚姻包办的尖锐对立会引发殉情、夫妻分房而卧的。此外，在纳西族婚恋中还有抢婚、殉情、入赘、走婚等情形或习俗。抢婚可分三种情况：第一是男女早已缔结婚约，但因经济原因，男方或女方无力举办婚礼时以抢婚的形式完婚。第二是女方有意毁约，男方强行抢婚，这种情况往往会发生命案，且为族人所不齿。第三是当女方另有所爱而有殉情动机时，男方实行抢婚，这种情况常能得到人们的谅解。入赘是一种女婚男嫁的婚姻形式，从女方的角度讲，在有女无子时，由父母选一个女儿留在身边招婿入赘。但从男方的角度讲，敏感而自尊心极强的纳西男子除非万不得已，否则是不肯轻易入赘的。走婚在宁蒗县永宁等地纳西人中盛行，其特点为男不娶，女不嫁，子女随母姓，财产按母系进行计算。这种婚姻形态就是今天有名的摩梭风情中的“阿夏婚”，因走婚男女互称“阿夏”即朋友之义而闻名。

纳西族摩梭人　（潘宏义摄）

新中国成立后，随着新婚姻法的颁布执行，纳西族人普遍实行自由恋爱、自主结婚，“父母之命，媒妁之言”的时代已经一去不复返了，殉情事件几乎绝迹，族外婚屡见不鲜，跨国婚初露端倪，多样化的婚恋形式百花齐放，年轻一代正在创建更加美好的新生活。

第三节 家庭模式

从总体上说，除了宁蒗泸沽湖摩梭人尚有部分“阿夏婚”及其以祖母为“掌门人”的大家庭外，丽江纳西族地区已牢固确立了“一夫一妻制”的婚姻和家庭形式。在乡下及城区，家庭模式多为“三代同堂”型，即一般由祖父母、父母和子女三代人组成。由父母和子女组成的两代家庭也不少。间或也有“四代同堂”者，所谓“烟火但求家一处，子孙惟愿世同居”的传统心理追求在今天似乎已成奢望。

在丽江纳西族人的观念里，父母、子女双全的人被视为有福气的人，几代同堂的大家庭也常常被认作“家和万事兴”的象征。时代进入了21世纪，不断接触外来文化与迅速接受新潮观念的年轻人已经有了自己的新追求。有条件的年轻夫妇总觉得与父母或祖父母共同居住有诸多不便，他们往往更愿意在外买房，与自己的子女居家过日子。他们的新居与他们父母居住的老家通常离得不远，以方便在节假日和休闲时间能常回家看看，老人有病痛时也便于照应。最可贵的一个事实是，纳西族做儿女的在父母生病或住院治疗时大都早晚陪伴，精心护理，孝心意识的完好保存使纳西族地区一直堪称老年人的天堂。

在传统的纳西族家庭中，儿女成人后，如果这家人子女较多，女儿出嫁，大儿子娶亲后另立门户（有的则在弟弟成家后才分出另住），小儿子留在家里与父母组成一个家（娶亲后一般也如此，也有与兄弟协商分担赡养双亲的，如兄长赡养一位，另一位由弟弟赡养，双亲各

随其家）。所以分家时，小儿子通常分得老屋，纳西语称“若计吉美干”，意思是小儿子占老屋，这也反映了纳西族家庭在财产分割时的特点。另外，在传统的纳西族家庭中（此处指父系制家庭），“男子地位较高，女子地位较低，重大事情及对外事务由男性家长决定，祭祀及其农活安排由家长主持。家庭财产由儿子继承，女儿没有继承权。无子可过继养子，也可招婿上门，但上门女婿得从女方姓氏，养子及上门女婿有财产继承权，不受歧视。无子女，也不过继子女者，其身后财产由家族中人继承。家庭经济由理家的妇女管理，她们负责掌管全家的收入及生活安排，并承担着大量的生产劳动，一般都有经济支配权。”①

新中国成立后，丽江纳西族人的社会生活面貌一新，在国家法律保障下，妇女地位得到了提高，家庭地位也随之上升，女子也有了家庭财产继承权。特别值得一提的是，在新婚姻法保障下，男女婚姻自由，摈弃了包办婚姻以及“姑舅表婚”等近亲婚配现象，对生命主体的尊重使当事人的幸福感不断增加。随着社会各项权益保障法的落实和社会经济的发展，传统的纳西族家庭也发生了较大的改变，那种“养儿防老”、“不孝有三，无后为大”的传统伦理观念逐渐被淘汰，无子的人家，父母也可以同女儿女婿共同生活，照样过着自己有滋有味的生活。

第四节　家庭关系与大众价值观

到过丽江的人都对丽江人的家庭生活状态无比羡慕。

丽江的传统并不注重女人的姿色。纳西族传说中的崇忍利恩始祖是惊天动地的美男子，崇忍利恩的妻子贵为天界神女，聪明贤惠无双，

① 郭大烈主编. 纳西族文化大观. 昆明：云南民族出版社，1999：268.

却不见得怎么漂亮。在遥远的历史时期，纳西人肯定经过了一个极其艰难求生存的阶段，大概就是从西北高原向金沙江河谷缓慢迁移的阶段，在那时，生存的愿望压倒了一切，这种力量在文化中沉淀下来，影响了人们的审美意识。浩瀚的东巴经讲述的故事中，几乎找不到一个凭美色流传至今的女人，这实在是人类历史长河中罕见的现象。

自古以来，丽江评价女人的标准是：强壮、聪明、多产、慈善、坚强，最后才是模样顺眼。

这是一个多么公平的准则。美色是天生的，由不得自己，持家的本领却可以后天培养，这才是她的真本事。身为丽江女人，用不着为模样烦恼。只要人品好，照样有很多追求者，嫁人后掌管全家大事小事，经营有方则受人尊敬，活得何其舒畅。丽江的社会，就是由这样一群有声有色的女人支撑着的世界，每个家庭就是一棵枝繁叶茂的大树，树身就是女主人。

奇妙的、矛盾对立的两种力量在丽江古城令人惊讶地扭结在一起，生活的微波下，汹涌着暗流。古城的妇女很少有识字的，但她们却陪伴精通百家经典的才子双宿双飞。绝大多数夫妻生活得如鱼得水。强健的妻子包揽了治家、理财、生育、社交种种事务，男人们这才得以抽身出来读诗弄文，培养种种雅兴。古城有不少名扬四方的老先生，他们熟读十三经，擅长吹箫弄弦，诗词歌赋出口成章，书法更是出神入化。他们从不沾手家务，有时间就种树养花，陶冶性情。妻子的贤惠能干使他们很少操心全家的衣食，从而在艺术的天空飞翔。

从前，古城的小店都由女人经营。进什么货、讨价还价、销售，都由她们一手操办。独当一面的女人一边告诉外地客商应该把货给哪家商号，一边又告诉商号哪位客商的货最好，该出什么价。如果没有她们，买方卖方不能互相信任，大宗的生意不敢成交。在成交前，她们会替他们保守秘密，保存货物。在骡马市场，她们也是活跃分子，

不惜花上大半天时间劝说买卖双方以最合理的价格成交。她们慈悲的女性情怀常常使她们不露痕迹地帮助那些来自边远山区的穷苦人。

她们还会杀猪。另一些时候，她们坐在门前用土织机织花边，五色丝线有序地滚来滚去，她们耳边的绿松石耳环有节奏地轻轻晃动，绿玉石手镯似一道柔波闪动，那是人间最温柔的一幅图画。

拿得起放得下，那才是纳西族女人。有一位纳西族学者幽默地把妻子形容为“纵容丈夫的阿妈和疼爱丈夫的大姐姐”，可以想见，在这样的家庭气氛里，每个人会生活得何等幸福。

注重亲戚关系是丽江的传统，虽然年轻一代有时候会把过多的亲戚交往视为一种负担，但大多时候他们还是不自觉地沉醉在这种美妙的幸福里乐不思蜀。亲戚之间结成了强大坚固的集体，把渺小的个人置身其中，会带来安全感与归宿感。很多年前一个外国人想投资在丽江办孤儿院，结果找不到孤儿，一打听才知道，丽江的孤儿都被亲戚收养了，亲戚团体不会容忍任何一个孤儿单独漂泊，那将是整个家族的耻辱，这样就保证了失去依靠的孤儿们仍然可以在亲情关系强有力的怀抱里健康成长起来，在他们的世界里，不幸的身世带给人的阴影将被降到最小。

古城老人　（潘宏义摄）

在纳西族社会里，老人得到了最充分的尊重。家庭里最重要的位置必须留给老人，第一碗酥油茶是敬献给他们的，以表达晚辈对他们的感恩。对老人说话不许粗暴，更不许训斥。到别人家去千万不能忘记给老人带点礼品以示孝敬。年长染疾的老人要用心守候，尽量让他们少受痛苦。老人的心愿要趁老人在世时想方设法满足。老人的遗愿不能视而不见，要努力实现。道德约束更多时候靠的是乡约民规，假设一个村子里出现了一个虐待老人的媳妇，那么，来自众人的疏离就是最大的惩罚，她将被大家孤立，因为无声的谴责而无地自容，这就是纳西族社会家庭关系普遍幸福的原因所在，公众的存在是一种无所不在的力量，维持着利于人们生存的道德水准，保护着人们的身心安宁，从而维护了社会的安定幸福。

一个人为了事业没有尽到对家人应尽的责任，在其他地方会被尊崇，但在纳西社会，则可能会引来非议。纳西族人看重感情，把感情放在至高无上的位置。重信用是做人的重要职责。读书是一个人最应该做的事情。帮助他人是每个人的本分。全家一起出游是休息日的最佳选择，如果是在近处游玩，他们会带上火锅和各种吃食在外野炊，尽情享受自然美景。纳西族文化的核心是和合思想，和谐是丽江社会的本质特征，也是纳西族人价值观的中心思想。

第六章

安身立命之本——民族经济

第一节　与马相关的生计

一、茶马古道重镇

历史上的丽江地理位置特殊，南邻大理，北接藏区，恰好是滇藏贸易古道的转合处。与丝绸之路的标志性物品丝绸和骆驼相对应，这条商贸古道的标志性物品是茶叶和马匹，古道也因此得名茶马古道。茶马古道起于普洱，经昆明、大理、丽江中转，一条线路经中甸、德钦、巴塘、理塘到达西藏，也可经西昌、雅安、康定、甘孜、德格到西藏和青海；另一条经丽江、维西到达印度。

除了维持茶叶的流通，丽江向藏区销售的产品有毛毡、布匹、良马、金银、绫罗等几十种，从藏区则销来珍贵药材、皮毛、宝石等。每逢三月会和七月会，丽江的贸易规模空前，交易骡马过万，其他商品不计其数。丽江的商号有一千多家，居民多从事商业和手工业。丽江汉化程度高，内地来的商人在这里有安全感，到此不再北行；藏区商人对内地很陌生，而对纳西族文化有亲和感，至此不再南下，这就

茶马古道一景 （潘宏义摄）

使得丽江成为了最重要的中转站和交易市场。无论南来北往的客商，都在丽江有固定的合作伙伴，这些合作伙伴为客商提供立脚点，介绍买主，从中获取适当报酬。丽江的贸易市场是以人情为基础的，一个商人如果在当地没有自己的"圈子"，不但生意寸步难行，连生存都很成问题。交易的信誉往往建立在某个"中介"家庭或地方人物的民间信誉之上，他或它的功能类似于担保，给交易双方分别吃了一颗定心丸。到 20 世纪 70 年代末，骡马交易市场上还有这类"中人"活跃其间，他们的出面使生意很快成交，而且使交易双方都感到心满意足。

抗战爆发后，内地物资奇缺，印度成为唯一的进口通道，滇藏贸易的鼎盛时代来临。当时丽江会聚了来自全国各地的商人，古城云集了大量洋货，大小银行落脚丽江，马帮运货的马匹达到万匹，还要加上西藏运货的牛帮。丽江的著名商号不仅名气大增，而且在国内外有多处分号，盛极一时。

二、畜牧业

把历史的指针指向元代以前，发达的畜牧业是纳西族社会的经济标识。久远的游牧文明已经成为纳西人记忆中最深刻的印记，虽然历史安排了走向金沙江流域的纳西人从游牧文明逐渐向农业文明过渡，在这个漫长历史进程中，农耕与定居成为主导生活方式，但放牧一直在山区及半山区占有重要地位，至今仍是人们的主要生活内容。1994年旅游业起步之前，丽江坝子上牛羊密布，大牲口放养于地头山间，每年都有来自四面八方的人牵着大牲口来赶物资交流会，买卖牲口是交流会的头条项目。丽江马在历史上曾经为茶马古道立下汗马功劳，新中国成立以后又被作为军马采购，名气传遍了大江南北。今天，旅游业是丽江的经济支柱，旅游产品开发更多地在地方特色上下功夫，《印象丽江》的马队从游客头顶狂奔而过，这种惊心动魄的美感是游客们在其他地方永远找不到的。在每个景点景区，骑马是必有的项目。在广大山区，骡马仍是主要劳力和交通工具。牦牛火锅、烤全羊、牦牛干巴等特色食品在市场上供不应求，畜牧业为地方经济社会发展作出了新贡献。

第二节　传统经济形式

一、造纸

纸在纳西语中叫作“色斯”古城里有一条街，纳西族语叫作“色斯场杯”，意思是做纸张的地方。由于丽江土司热爱汉文化，从明代起，不断从内地请来汉族工匠传播先进技术，推动了丽江社会经济的发展。明朝天启年间，土司邀请江南籍技师李师傅在丽江安家为木府生产贡纸，那时纸张非常金贵，除了土司，民间还不能使用。到了清康熙三十九年（1700年），建立了丽江学府，汉文化普及到民间，对纸张的需求大大增加，造纸业开始兴盛起来，有了数家生产作坊。生产的纸张不仅供人们写诗作画时使用，还供白地的东巴们书写经文。

造纸的原料是山区常见的构皮树。剥去树皮表层，取出内层在水中浸泡，加灶灰煮透，用脚碓舂成纸浆。把纸浆放入水池，加药水搅拌均匀。用竹帘搁入纸浆中，片片捞起垒成厚叠，加压板榨干水分。在清洁的泥墙上把带潮气的纸张贴上去，干透后揭下来，就成了一张张纸。现存的东巴经书都是明清时期的纸张做的书写材料，由于带有天然毒性，长期存放不生虫，使得经书除自然磨损外长期不变质。这种纸外观朴拙端庄，触感浑厚均匀，用来创作东巴字画功能独树一帜，在近年的旅游纪念品市场上成了供不应求的抢手货。

二、皮革

沿玉峰寺山麓继续南下，就是束河村。只见村落屋宇森森，街巷密布，游人如织。束河是历史上数一数二的大村，紧靠白沙，文化发达。束河的名气很大一部分来自于皮革业。束河生产的皮制品不仅要供丽江人消费，还要远销藏区，甚至销到印度和尼泊尔。由于束河一天能生产数百双皮鞋，再加上生产藏靴、鞍垫、皮马褂、皮烟袋、马肚带、皮口袋、皮绳索、马笼头等生活用品，使束河成了远近闻名的“皮匠村”。

束河从事皮革业的人家，在儿女十三四岁时就把他们送到遥远的藏区去学技术，四五年之后，学得了一身好技艺，才回到家乡做皮匠。皮匠工艺劳动强度大，工序复杂，分工严明，每个家庭作坊都严守行业规则，尽量做到精益求精。束河可以加工牛皮、羊皮、麂皮、牦牛皮、驴皮、马鹿皮等多种皮料，每天有专人早早等在作坊门口收购产品，再背到古城摆摊叫卖，生意十分红火。

束河皮匠不仅在丽江经营得如火如荼，也把他们的手艺带到了滇西北的广大土地。很多地方都有“束河皮匠村”，那是异地谋生的束河匠人和他们的后代繁衍生息留下的历史痕迹。

创建于 1954 年的丽江县皮毛皮革厂就是在丽江原有皮革业的基础上发展起来的现代国营企业。

三、淘金

金沙江里有金沙，金沙江边的人们学会了从江水里淘金。淘金虽然能带来财富，却是一项高危险高消耗的工作。先要在江岸的崖壁上挖洞，找到含金量高的沙土，如果判断不准确，就会白白浪费劳力。把沙土运到江边，倒在金床上，用江水反复淘洗，剩下的沙石中有点点闪烁，那就是沙金。旧时生产方式很原始，全靠人工，淘金人整天风吹日晒，吃粗食，睡山洞，往往长时间劳而无功，双脚泡烂，全身掉了几层皮，稍有收获，还要防范谋财害命者的不轨企图，淘金因此成为最苦的行当，只有身体最强壮、意志最顽强的男人才能承担。

四、医药

纳西族传统医药是伴随纳西族古代人群的生活萌发、成形、运用、传播的治疗体系，最早的医生由东巴来承担。东巴掌握着一整套关于万物运行的哲理，其中也包括对人体得病的原因和施药的原理及手法的认识。唐代以前的纳西社会还保持着原始的游牧生活状态，那个时期的医学成就被记载在经书中，而且已经有针灸、放血、外伤缝合等治疗手法的记录。唐代以后的丽江社会逐渐完成了向农耕制的转换，定居和村落出现，与藏地和内地的文化交流加强了，藏医和中医的内容开始融会到纳西族医学中，使纳西族医学从理论到实践都有了拓宽并走向博大精深。

东巴用药，先是占卜，然后才给药。占卜其实是心理治疗的方法，目的是解除患者的思想顾虑，增加战胜疾病的信心。东巴的名气越大，患者对他的信赖程度越高，占卜的效果就越好，有的患者在占卜之后病就不治而愈了，不是东巴神奇，而是患者的潜能被调动并产生了奇迹。在患者放下思想包袱后，再对症下药，疗效自然明显。纳西族重要的医学著作有《玉龙本草》，还有 20 世纪出版的《丽江中医验方集锦》，涉及病理学、药物学、解剖学的广泛内容，为人类医学宝库留下了宝贵的财富，至今仍在人们生活中发生重要作用。

五、食品制作

新中国成立前的丽江民间有着多种多样的食品制作方法。腌制肉类供一年到头之需是每个家庭必有的劳动工序，晒制菌类等干货和海棠果等干果也是妇女们的拿手戏。纳西族妇女勤劳聪慧，她们会制作酱油、咸菜、窨酒、白酒、红饼、蜜饯，开店的妇女就在自家的铺面里出售自己的产品。旧时丽江最出名的不是餐馆而是杂货店，开店的都是女性，“和大妈”“李大妈”“杨大妈”的名气不胫而走，甚至远播到国外。近年来，窨酒、红饼、蜜饯非常走俏，这些食品严格按照传统工艺制作，保证了原料的天然性和生产过程的自然性，不用任何化学添加剂，自然受到了人们的欢迎。

六、酿酒

丽江周边的民族都会酿造白酒，鹤庆县的白酒非常有名，茶马古道上流传有“丽江粑粑鹤庆酒”的美誉。

纳西族人有自己独特的酿酒工艺，造出的美酒叫“窨酒”。窨酒是一种琥珀色的甜酒，有点像绍兴的黄酒，质感华丽，营养价值极高，需要长期窨藏，制作中耗粮量大，成本高，工艺复杂，旧时人们舍不

得喝，只把它当作孩子成人后订婚用的礼酒。这种酒的名气虽然没有鹤庆酒的大，但由于被洛克和顾彼德这些外国人高度赞誉，写进了他们的著作，因而品尝丽江窨酒成了游客心中向往已久的心愿。20 世纪 40 年代，戴礼帽、拄文明杖的俄国人顾彼德每天倚在临街铺面的柜台上跟当地人一起喝酒，如今，边喝边开玩笑的情景化成了酒吧、咖啡馆慵懒阳光下或独坐或对坐的现代观光客远离喧嚣闹市的休闲时刻，其间万千思绪来了又去，热闹与寂寞天衣无缝地重叠成远逝的条条流水。丽江知名的酒还有玉龙清酒、呼儿换、狼翻锅、丽江春、泸沽湖清酒等。

七、客栈

当夕阳西下，城外的山路上走来一条黑色的长线，马铃叮当，马蹄有节奏地打着节拍由远及近，客栈就开始忙碌起来。旧时简陋的旅途上，一户人家，一顿热饭，一张被四壁牢牢遮护着的床铺，一个有专人添草料的马厩，就是奔波辛劳的马锅头们幸福的天堂。那时的客栈是专为马帮服务的旅店，每个客栈都有自己长期服务的固定对象，彼此之间缔结了深厚的友谊与信赖。客栈的条件很简陋，马锅头们只能睡通铺，自己做饭，但夜里有一个火塘可以依偎，不必受餐风露宿之苦，还有人提供新鲜草料，他们已经感到非常满足了。昔日茶马古道，一个个驿站像一个个温暖怀抱，在山重水复之间收留了漂泊的游子，它们是一串串临时的家。

今日的茶马古道已经告别了历史的繁华喧嚣，沉寂如路边的野草。在丽江古城，居民把自己的院子改装一下，变成了一个个现代客栈。无论是万里无云的晴天，还是阴雨绵绵的下午，典雅精致如掌中古玩的客栈风格各异，坐满了来自世界各地的观光客。一杯咖啡，一壶清茶，一身阳光，一地花草，一间静室，一道流泉，点亮了天涯游子疲

古城客栈 （潘宏义摄）

惫的目光。这就是典型的丽江梦，神话般的柔软时光。平时客栈比酒店便宜，没有电梯大堂，却有果树三两棵，画眉高唱枝头，猫狗憨卧脚下，使所有客人倾倒。在旅游旺季，客栈的价格会超过星级酒店，而且供不应求。老屋、河水、寂寞游子是丽江所营造的情调，在这种时候落脚古城的某个院落，当然会生出优越感来了。

八、马帮

莽莽群山峻岭此起彼伏、无边无际，说蜀道难，其实行走滇道亦不易。在历史的记忆深处，绵绵不绝的马帮队伍一路抛洒的马铃声声无疑是最活跃的生命呐喊与抒情乐章。马帮等于旧时的“运输公司”，骡子和马是它们的运输工具。经营马帮的往往是有钱有势的大户，为他们赶马跑运输的人就叫马锅头。骡马的数量决定了马帮的规模，在没有汽车的年代，马帮不仅承担着人们衣食住行所需的物资供应，也承担着运载客走他乡的游子奔波四方的使命。马锅头曾经是一种响当

当的职业，马锅头们长年跋涉于崇山峻岭之中，前景危机四伏，常常风餐露宿，身体和意志都必须比常人承受更残酷的考验。有家等于没家，成了家才出去当马锅头的人长年累月奔波在外，根本照顾不到家人，很多马锅头要到实在跑不动了才草草安家。每个马锅头都经历过九死一生的传奇人生，他们见多识广，命运大起大落，饱经沧桑，机智幽默，四海为家，令人羡慕也易招人非议，很容易成为民间传奇的主角。

九、东巴

东巴是纳西族社会的神职人员，是“万能知识分子”，但他们没有专享的俸禄，也没有庙堂可以栖身，平时仍要靠种地吃饭，做法事只能算是“兼职”。东巴职业往往是世袭的，但也有大东巴广收门徒。东巴收徒，徒弟要住在师父家中，用心侍奉，得其言传身教，长期积累而有扎实功夫。声望远大的大东巴受到全社会的尊敬，他们的思想往往会对人群产生不可估量的影响。东巴的名声越大，请他作法的人越多，他的责任就越大，成就感也越突出。东巴像常人一样过着正常生活，娶妻生子。

近年来，东巴仪式的组织主题和需求方都发生了变化，政府、专业学术机构、民间等多种力量积极参与东巴文化的保护和传承中。随着东巴文化在国际和国内的知名度不断攀升，有些产业也参与其中，以产业的方式对东巴文化进行整合。“东巴”一词从宗教称谓转化为文化形态研究对象。东巴在村落里作为服务民众的祭司发挥着信仰功能，作为“东巴文化”的东巴也成了一种象征或符号。

第三节　林果业及生物资源开发

丽江有植物王国的美誉，每到收获松子的季节，漫山遍野都是在松林里穿梭劳碌的人们，源源不断的松子摆上了千家万户的茶几，成为人们最喜爱的零食。大名鼎鼎的刺满梨产在黄山乡，是丽江响当当的名牌，它肉质细腻，个大汁丰，甘甜醇美，让人爱不释手。核桃是丽江山区最常见的植物，当地人每天早餐都喜欢打酥油茶，核桃是少不了的配料。人们还喜欢自己熬糖汁拌入核桃仁做成美味的核桃糖，那时核桃就是当仁不让的主角了。海棠果晒干，可以当干果食用，也可以熬水喝，对肾脏和泌尿系统疾病有明显疗效。青刺果油可以外搽滋润皮肤，也可以治疗外伤。人参、天麻、虫草等珍贵药材为山区人们带来了可观的经济收入。羊肚菌、松茸、鸡枞等山珍远销海外，给丽江带来了美誉。绿丫头、得一果品已经成为丽江食品中名副其实的“明星”。丽江民间作坊生产的果脯受欢迎的程度不亚于北京稻香村的“京八件”。

旅游业的兴旺带动了人们挖掘民间文化宝库的热情，在一个个民族文化品牌被推上历史舞台的同时，土特产品成为亮点，围绕其做文章的人们最终获得了丰厚的回报。把发展林果业和生物资源开发作为农村脱贫致富的突破点和新的经济增长点，已经显现出突出成效。丽江雪桃产于拉市，近年来声誉鹊起，是市场上最抢手的名贵

雪桃　（潘宏义摄）

水果，供不应求。山嵛菜又名瓦沙毕，是凉拌菜和食用鲜鱼时的贵重作料，在日本市场大受欢迎。玛咖是具有多种神奇功效的生物，是现代人的养生之宝，玛咖基地的建立预示着这一产品将大大造福于人类，开发前景非常乐观。螺旋藻制品在旅游市场上独领风骚，是人们最喜欢购买的保健食品。小凉山苹果、华坪芒果、宁蒗核桃、永胜苦良姜都形成了基地开发模式，在市场上大受欢迎。在政府的正确引导下，产品精加工将成为下一阶段的突破点，完全可以相信，林果业和生物资源开发的前景相当乐观，可望成为丽江经济新的增长点和重要支柱。

第四节　旭日东升的旅游业

一、旅游业概况及发展特征

也许，在洛克和顾彼德的时代或更早，从丽江的倩影第一次被定格在胶片上的那一刻起，她的绝世容颜就已经注定要在广大世界里激起轩然大波。

旅游业是典型的“朝阳产业”和“无烟工业”，它具有旺盛的生命力，巨大的发展潜力和绿色经济的产业特征，在国民经济中的地位不断攀升，作用不断加大。云南是旅游资源大省，多姿多彩的自然景观，千奇百怪的生活方式，别拘一格的少数民族风情“三位一体”的叠加与完美组合，构成了独具特色的“云南旅游”得天独厚的资源库。其中，丽江是云南旅游最鲜亮的一面旗帜。以“二山、一城、一湖、一江、一文化、一风情”（二山即玉龙雪山和老君山，一城即丽江古城，一湖即泸沽湖，一江即金沙江，一文化即东巴文化，一风情即摩梭风情）为主体的旅游资源和绚丽多彩的多民族文化景观水乳交融为特色

的“丽江旅游”发展得有声有色，丽江正在成长为世人最向往的旅游胜地。

1981～1990 年是丽江旅游业的初探阶段，当时，丽江还没有特别的旅游设施，除出差流动人员和走亲戚者外几乎没有几个游客，旅游地的自然环境与社会环境基本上处于自然状态，除了少数文化研究者和艺术家外，人们还没有认识到丽江这块璞玉的无限价值。1990～1994 年为尝试阶段，在此阶段，游客人次逐渐增多，其中国外游客比例较高，一些眼光敏锐的本地居民开始涉足旅游服务业，与此同时，地方政府也开始明确地将发展旅游业提上议事日程，逐步设立专门的旅游管理机构，旅游设施和旅游交通逐步改善。1994 年至今为发展阶段，其特点是丽江旅游业实施了“人无我有、人有我优、人优我特”发展战略，形成了以丽江古城、玉龙雪山、泸沽湖、老君山等四大风景区为代表的“一体两翼”旅游发展格局，其中 1994～1999 年为快速发展期，1999～2004 年为巩固发展期，2004～2008 年为提质增效发展期，2008 年至今为转型升级期①。

丽江的崛起正应了一句俗话：是金子总要发光。1994 年前，丽江还是一个鲜为人知的小地方。但早在上个世纪就已经有西方传教士和探险家在自己的著作中对这块地方的美丽神奇有过生动描述，像洛克的《中国西南古纳西王国》，顾彼德的《被遗忘的王国》，罗斯福兄弟的《跟踪大熊猫的足迹》，还有希尔顿根据洛克的地理笔记创作的长篇小说《消失的地平线》，在今天仍然是介绍这块土地的地理、风俗、民情的权威之作，其重要性随着这块地方的知名度的提升越来越被更多的人们所熟知与认可。

---

① 此处分期参考：王君正．区域旅游创新．昆明：云南出版集团公司，云南人民出版社，2010.

相关链接

洛克和顾彼德

美籍奥地利学者洛克在20世纪上半叶来到了偏僻的丽江，为这个地区的魅力深深迷醉。在27年的时间里，他居住在丽江玉龙雪山下的雪崧村，以此为基地，在中国西南广大地区采集植物标本，绘制地理图标，了解民族文化。洛克的巨著《中国西南古纳西王国》由牛津大学出版社出版后，在西方引起了空前反响，甚至引发了纳西文化研究热。洛克的最大理想是再次回到这个他魂牵梦绕的异族故乡，这个理想虽然没有实现，但丽江却成为了当今世界最有影响力的旅游接待地之一，全世界的游人穿越千山万水来到这里，沉醉在自己所渴求的某种特别历史意境里，甘愿长醉不醒。

洛克的足迹踏遍了这块神秘的西南腹地，用自己的双脚丈量了这个广大地区的山山水水，用写实的手法描绘了这个地区的地形地貌和景观特征，到今天为止，他的巨著依然是关于中国西南地区最重要的地理专著之一。洛克著作中他亲手拍摄的大量照片更是让世人惊叹，洛克本人也在民间变成了最富传奇色彩的独行侠冒险家，其神秘莫测的冒险生涯吸引了无数学者文人探险家前来猎奇寻宝，一个个美丽的故事在天地间到处传扬。

无独有偶，另一个来自俄罗斯的贵族后裔顾彼德在十月革命后颠沛流离，受国际援华组织委派到中国工作，在丽江民间扶持发展手工业合作社，留居丽江古城9年。顾彼德先是被这里的绝世自然景观所深深吸引，温和的气候，善良的人民，淳朴的风俗，丰厚的神话，无疑是一块被遗忘的净土。接着，他被这里独特的文化所震撼，不知不觉融入了当地人

的生活。顾彼德与百姓密切相处，友谊深厚，不仅会说纳西话，而且对民族文化的细节都能娓娓道来，完全变成了“地地道道”的纳西人。他用文学笔法写出了脍炙人口的散文大作《被遗忘的王国》，对纳西人的日常生活作了栩栩如生的描写，大量精彩篇章不胫而走，深受读者喜爱和推崇。

1994年对丽江来说是大梦初醒的时刻，在云南省滇西北旅游规划会上，云南省政府把丽江作为云南旅游的拳头项目大力开发。丽江心领神会，把发展旅游业作为自己奋斗的方向，将传统产业结构进行了深入调整，确立了旅游业的支柱产业地位。从此，一个新丽江开始在共和国的大地上悄悄孕育，进而茁壮成长。

到2002年，其间经历了1996年的七级强烈地震和艰巨的恢复重建，丽江的旅游业取得了耀眼的成绩，支撑带动了地方经济社会的良性发展，以旅游业为主的第三产业在1998年首次超过了农业为主的第一产业在国民生产总值中所占的比例，丽江的各项社会发展指标快速递增。

2003年撤地设市是又一个重要转折点。丽江市人民政府提出了“二次创业”的口号，明确了全面建设小康社会、推进全市经济、社会、城镇化和人民生活水平超常规、跨越式发展的奋斗目标。旅游业继续强劲发展，第三产业在国民生产总值中所占的份额继续上升，旅游业高效带动了农业、农副产品加工、旅游工艺品生产、林果业、交通、医疗、服务业、新农村建设，产业结构和经济结构明显优化升级，人民生活水平大大提升，基层设施建设明显改善，文化事业蒸蒸日上，民族文化保护意识成为公众的共识，生态环境建设取得显著成就，丽江正在向国际旅游精品城市的目标大步迈进。

丽江发生1996年的大地震是空前灾难，但丽江把灾难变成机遇，

借助救灾资金用大力气进行恢复重建，使丽江旧貌换了新颜。1997 年丽江古城列入世界文化遗产，这是丽江亮出的第一张名片。2001 年，丽江古城被专家委员会认定为全国文明风景旅游区示范点，丽江的名字更加响亮。2003 年，三江并流区域列入世界自然遗产，东巴古籍文献列入世界记忆遗产，使丽江一跃而为三项世界遗产所在地，品牌价值大大提升。此后，2005 年入选全球人居环境优秀城市，2006 年被评为中央电视台中国十佳魅力城市，2007 年玉龙雪山景区上升为国家五 A 级景区，丽江入选中国最佳旅游品牌城市，当选欧洲人最喜爱的旅游城市，持续推动着丽江城市品牌价值的提升。2008 年丽江以举世公认的成就被列入中国改革开放 30 年 18 个典型之一，2011 年入选国家园林城市，都以不容置疑的力量刷新着品牌价值，丽江在世界人民心中的分量日益加重，丽江已经在历史舞台上成为了一个引人注目的角色。

中国优秀旅游城市雕塑　（潘宏义摄）

旅游业充当了丽江经济社会发展的主角，在这背后，起支撑作用的却是丽江博大精深的文化。美好的风景到处都有，独特的文化却是唯我独有的瑰宝，因此，文化是丽江的命脉，是丽江立足之本、发展之本，借助旅游业发扬光大民族文化，让文

化为旅游撑腰，让旅游大胆登台充分展示文化、弘扬文化，达到文化保护与经济发展双赢，使二者双向推动、齐头并进。在多元文化并存的丽江，人们努力开发出了东巴文化、他留文化、毕摩文化、韩归文化、摩梭母系文化等民族文化品牌，深深吸引了世人的目光，为丽江旅游业的发展打开了能源宝库，增进了各民族人民之间的团结与共同发展。以民族文化为元素，丽江打造了《纳西古乐》、《丽水金沙》、《印象丽江》等大型演艺作品，成就了宣科、和文光家庭、肖煜光、和文军、金甲劲松等一大批演艺人才。国际东巴艺术节的创办影响巨大，其学术论坛汇聚了国内外优秀学者，在他们的努力下，对丽江文化的深入研究和推荐为丽江扬名世界立下了汗马功劳。旅游活动像一部鲜活教材，使丽江的百姓在经济受益的同时体会到了民族文化的重要性，唤醒了他们的文化自觉意识与自豪感，人们在乡野田间自觉地发掘和保护古老文化留下的深根，久远的仪式重新登场，宝贵的生活风俗正在恢复，鳞次栉比的工艺品店里展示着深勾游客眼球的东巴字画，小吃店里陈列着种种传统食品，客栈的主人讲述着茶马古道的旧日风情……游丽江如品文化大餐，美不胜收，食不厌精，令世人刮目相看，令游客乐而忘返，品牌丽江被经营得有声有色。丽江已经从“被遗忘的角落”变成了具有世界自然遗产和世界文化遗产双重身份的旅游热点城市，丽江的历史文化价值也得到了全世界的公认并受到越来越多的人们的重视与珍爱。

旅游活动和旅游业促进了丽江社会文化的现代化。这首先体现在物质层面上。旅游业带来的收入改善了人民生活，使人民生活水平不断提高，生存条件和文化环境日益优化，地方知名度迅速扩大，旅游服务设施明显改进，交通、通信、医疗等领域的现代高科技含量增加，旅游接待能力加强，这一切反过来又给丽江带来了更多的游客。在丽江旅游业的发展进程中，伴随发生着当地居民行为方式、价值观念的

演变，丽江人的生活观念、工作方式、消费模式日益向国际化、现代化的目标靠拢。

在全球一体化的文化进程中，丽江在旅游活动和旅游业的强烈冲击下自觉或不自觉地完成了对自身的文化反观，从而加强了全民的“文化大使”的角色意识，增强了民族自尊心和自豪感，也生发了保护和复兴民族文化的强烈意识。比如，消失了几十年甚至更久的古城洗街、民间祭天等传统仪式又重新出现，东巴造纸技术被恢复，人文景观得以修复，东巴文化和纳西古乐的保护被提到了法制化的高度，这一切意味，着当普通大众认识到最有文化价值的东西正是最有旅游价值的东西时，他们就会注重对其进行挖掘、抢救和复兴，并借助政治、经济或其他手段为实现传统文化的复兴提供坚实的基础。

今天的丽江古城，每个夜晚都像节日一样热闹，但活动的主体不是居民，而是游客。在西餐厅、酒吧、茶楼里，你可以看见来自世界各地的人品尝着不同风味的食品，用不同的语言交谈……

纳西族有许多引人注目的特性，它强调人与自然的和谐统一，将人与自然的关系视为兄弟手足关系，亲近自然，与自然相依相存，行事以顺其自然为原则；它注重人与人之间的亲和性，它的天然人道主义观念作为该民族心理积淀的核心成分保证了纳西社会长期的和平稳定，使它成为保持人类大家庭尊老爱幼、和睦相帮美好品格的古老遗风；它旺盛的好奇心和开放的胸襟使它能够博采众长，广泛吸收其他民族、其他地区文化的长处来丰富自身，不但没有迷失自身，反而使自己屹立于优秀民族之林。

现代文明的发展是一个与自然日益背离的过程，走到今天，科技与物质文明已经高度发达，但人类却陷入了背离自然带来的环境危机和心灵危机中。纳西民族精神中注重自然、爱惜自然、人与自然和谐并存的思想正好是现代人回归自然的思想潮流所追寻的目标，从这个角度说，纳西民族精神与世界先进文化的发展方向不谋而合。现代物质文明的发展给人类带来巨大的生存福利，同时也恶化了人与人之间的关系，导致了信仰危机、道德危机、情感危机、家庭危机。纳西社会却是一个重视情感生活的社会，老人受到尊敬和爱戴，亲情与友情成为维系社会存在与发展的基本手段，它营造的温情笼罩着每一个社会成员，使他们从生活中找到幸福。重视情感生活的另一个结果就是促成了社会群体生活的艺术化，传统的纳西社会崇尚艺术创作，使大多数男子成为琴棋书画的高手，妇女们则成为欣赏者，大家都以与艺术亲近为乐，这难道不是对现代社会一切以功利性为准则的反抗与嘲弄吗？人伦与亲情是人类存在的精神支柱，呼唤人与人之间的爱，应该是人类永远的精神归宿，而纳西文化却恰巧具备了以人为本的精神品质，是对现代文明的重要补偿。从以上分析可以看出，发扬民族精神并不是走回头路，而是历史发展的必然要求与选择。

二、山水人文

1. 高山大川扬伟名

纳西族居住在滇川藏交界的横断山脉地区，这里高山耸峙，大江纵流，由西向东排列着怒江、澜沧江、金沙江、无量河、雅砻江、安宁河及碧落雪山、梅里雪山、哈巴雪山、玉龙雪山、绵绵山、贡嘎岭等名山大川，相对高差极大，由于风景名胜众多，历史古迹荟萃，随着20世纪末期旅游经济的崛起，这一区域已发展成为中国最有吸引力的旅游接待地之一。该区域涉及云南、四川、西藏3省区，丽江、迪庆、凉山、甘孜、昌都、攀枝花6地州市，玉龙、古城区、香格里拉、宁蒗、维西、永胜、盐源、木里、华坪、德钦、芒康、巴塘、盐边13个县区，约8万平方公里。

纳西族居住地区的平均海拔在3000米左右，最低江边河谷海拔

1000余米，山岭高度在4000～5000米，相对高差极大。无严寒酷热，自然资源呈垂直分布。主要地形有：

以盐源、丽江为代表的中高山峡谷盆地。被高山环抱的盆地俗称“坝子”，与山川峡谷相间，历史上是典型的农耕区，也是人口集中居住的区域。

以维西、华坪、木里、德钦为代表的中高山峡谷区。由于大江大河的支流密集，呈枝杈形分布，这些地区支流谷地的特征非常明显。区域内高山耸峙，连绵起伏，地形大起大落，农耕与畜牧业并重。

以海拔3000米以上的山区为代表的高寒山地。这里海拔高，自然条件严酷，农作物单一，畜牧业较发达。

区域总体特征为：

以山地为主，高山峡谷相间，群峰环绕，点缀着若干坝子。人口主要居住于坝子和河谷、山地。气温在5～20℃，年降水量1000～1500毫米，干湿季分明。区域内动植物资源丰富，文化资源博大深邃，水能资源引人注目。20世纪初西方传教士和探险家的到来揭开了这个神秘王国的面纱，把这里的绝世景观和奇异文化介绍给了世人，加上文人墨客的大肆渲染，使这个地区扬名世界，成为了中外游客最向往的福地。

2. 玉龙雪山天下绝

丽江境内的玉龙雪山海拔5596米，位于丽江坝子北端，13座雪峰像扇子一样打开，逶迤跌宕，南北长35公里，东西宽25公里，如巨龙腾空飞舞，好似丽江古城的天然屏风。这是我国长江以南第一高峰，具有北半球距赤道最近的现代海洋性冰川。

元代李京的诗句是玉龙雪山的生动写意，“玉龙雪山天下绝，积玉堆琼几千叠。足盘厚地背摩天，衡华真成两丘垤。”将衡山、华山比喻为丘垤，用来衬托玉龙雪山的高大雄伟，绝非夸张之词，实在是名副

雪山　（潘宏义摄）

其实。你可以尽情置身于这神话般奇妙的冰雪世界，沉醉于直插云天的冰峰，深奥幽美的森林，天真烂漫的黑水河白水河，神妙莫测的玉湖，幻影幢幢的冰塔林，殉情胜境云杉坪，高山草甸牦牛坪，鬼斧神工古冰川，在忘情的漫游中忘却俗世烦恼，身心沐浴一净，尽享赤子的欢乐。

玉龙雪山是动植物天然宝库。这里有藻类植物 31 科 196 种，地衣植物 17 科 20 余种，苔藓类植物 175 种，蕨类植物 220 种，种子植物 145 科 3200 余种。国家保护的珍稀动物滇金丝猴、云豹、雪豹、金猫、大小灵猫、绿尾梢虹雉、藏马鸡等在这里无拘无束地生息繁衍。丰富的动植物资源使这里享有动植物标本库的美名。

玉龙雪山是纳西人心中的神山。这当中还要加上统治者对神权的主动赋予：南诏时期曾封它为“北岳大帝”，使它有了山峦之帝的名分而备受尊崇。三朵，这位纳西族的保护神，在传说里是一位白盔白袍的将军，其实就是玉龙雪山的化身。在漫长的历史进程里，北有强悍吐蕃压境，南临多民族弧形包围圈的威慑，纳西民族不仅没有在历史

云杉坪—白水河　（潘宏义摄）

长河里销声匿迹，反而悠哉乐哉地活了下来，活得独树一帜、惊天动地，这不能不归功于玉龙雪山带给人们的巨大精神力量的支撑。

玉龙雪山的顶峰扇子陡是神话王冠当中那颗无价宝石，虽然它没有珠穆朗玛峰那么高，却因为无法攀登至今未被人类征服，以其纯洁崇高体现出至高无上的精神力量，受到世人崇拜。

3. 鬼斧神工虎跳峡

在纵向排列的高山峻岭之间，奔驰着壮美的大江大河。位于迪庆藏族自治州的哈巴雪山与丽江境内的玉龙雪山双峰耸峙，金沙江从它们足下咆哮奔涌南下，其排山倒海之势、惊天动地之声，令观者无不为大自然的鬼斧神工叹服得五体投地。

虎跳峡长 18 公里，分为上、中、下三段，有 18 险滩。海拔 5596 米的玉龙雪山和海拔 5396 米的哈巴雪山像两柄巨剑直插云天，峭壁横空劈下深切入金沙江水，形成两山夹一水的绝世奇观。由于悬崖壁立紧紧挤压着江水，使江面突然紧仄，最窄处仅 20 米，江流瞬时变得狂暴，吼声传出 10 里之外。江流最窄处中心卧着一块巨石，把桀骜不驯的江水一分为二。传说中一只大虎被猎人追杀，老虎一个跳跃落脚江

虎跳峡 （潘宏义摄）

心石上，再一个跨跳到达对岸，得以逃生，虎跳峡因此得名。另有传说说玉龙、哈巴是两兄弟，共同爱慕金沙姑娘，而姑娘却向往着远方的世界。为了不让姑娘逃走，兄弟俩轮流把守峡口。聪明的姑娘施巧计灌醉了兄弟二人，从他们脚下溜走，义无反顾直奔遥远的大海。兄弟俩醒来，姑娘已经去远，两人后悔莫及，一夜间愁白了头，变成了万古不化的雪山。

虎跳峡是丽江远古文明的发祥地之一，山壁之上有无数洞穴，洞壁上保留着记录原始社会人类生产生活画面的岩画。下虎跳江边台地上有大量石棺，保存着古人的劳动工具和生活器皿，为研究早期人类活动提供了丰富物证。

虎跳峡蕴藏着巨大的水能资源，可建造超大型梯级电站的龙头电站。“十二五”期间，水能开发将成为丽江产业结构新的增长点，金沙江一线八个梯级电站正在紧张建设中。

1986 年，中国洛阳长江漂流队等几支漂流队发起长江漂流活动，

引起了国内外广泛关注。长江漂流壮举显示了人类的勇敢坚强、永不服输的顽强意志，写就了一曲荡气回肠的精神壮歌。

4. 万里长江第一湾

南北流向的金沙江流到距丽江坝子 45 公里的石鼓镇，突然来了个 V 字形大转弯，滚滚东去，形成了长江第一湾景观。

长江第一湾　（潘宏义摄）

石鼓是一个由江流冲积扇形成的平坝，这里气候温和，物产丰富，江流开阔，田野富饶，山水如画，文化名人辈出，自然景观和人文景观引人入胜。放眼四望，只见群山如画屏一字排列，江流迤逦似银绸招展，村落点缀于平畴沃野之间，古镇依山而建，瓦舍鳞次栉比，仿佛置身于杏花烟雨的江南。“山连云岭几千叠，家住长江第一湾”是学者范义田撰写的对联，其中的自豪感和欣喜感跃然纸上，才华横溢而不露斧凿印，显示了丽江文人才子的飘逸灵性之美。由于地理条件优越，石鼓一直是丽江的主要产粮区，也是南方丝绸之路和茶马古道的重要咽喉。明代嘉靖七年（1528 年），丽江土知府在江边刻制了汉白玉石碑来纪念纳西族军民在战争中的胜绩，从此这个地方因石鼓得名。沿历史的长河上溯到元代，这里是茶罕章管民官及丽江路宣府司所在地。发源于老君山的冲江河上一座铁索桥横卧激流，名铁虹桥，两头修建有桥亭，桥宽一丈，长五丈，存有匾牌。1936 年 4 月，中国工农红军长征经过丽江，在石鼓渡过长江北上抗日，谱写了中国革命的伟大诗篇，石鼓为今成为著名的爱国主义教育基地。

5. 明珠耀眼老君山

云南境内大山密布，位于丽江境内的云岭主峰老君山海拔 4247 米，不算最高，却稳坐了“滇省众山之祖”的头把交椅。

老君山周围有玉龙雪山、哈巴雪山、碧落雪山等千山万峰簇拥，每座山都有万种风情，老君山更是占尽风头揽尽人间春色。其山体神似太上老君炼丹的丹炉，故得名老君山。老君山景区总面积 710 平方公里，是世界自然遗产三江并流景观的核心区域。

老君山 （潘宏义摄）

金丝厂景区是老君山最高峰所在地。这里人迹罕至，山深林密，地貌诡异，浓雾弥漫，大雨来去无踪，气候大起大落，道路时隐时现，不闻人言，只闻风声、水声、树声，仿佛正独自与群神众魔共舞，方

醒悟老君山不愧是大自然鬼斧神工之杰作。据说除了采药人和放牧人，一般人到不了这里，就算是采药人和放牧人，也免不了如入魔镜走失迷路，甚至惊惧成疾。近年来已开辟了到金丝厂的旅游路线，吸引着来自世界各地的冒险家和探险者。

老君山的腹地躲藏着几十个精灵般的冰蚀湖，民间俗称九十九龙潭，它们被原始森林环抱，像一块块碧玉，又像一只只一尘不染的眼睛，阳光映照下，满湖钻石闪耀，时间已经停止，恍兮忽兮，浑然忘我，不觉已在永恒之境。到过九寨沟的人领略过那种与世隔绝与自然合一的境界，但比起九寨沟来，金丝厂更孤绝、更陡峭清俊、更稀奇古怪、更反复无常，万物有灵，灵气往来，超凡入圣，那种幸福不是狂喜，却是生命的本心。

老君山养育了利苴片区的金丝猴，这里是滇金丝猴保护区，也是动植物的基因库，生命的自由天堂。多少年来，这里的人们尊重自然爱护环境，与大自然亲密相处，全身心守护这生命的家园，才保留下了这片未被改写的处女地。

老君山是冷杉林、杜鹃花、奇峰异谷草甸流泉的世界，其黎明片区面积 240 平方公里，是我国最大、发育最完善的丹霞地貌景观。这里的山体呈红色，每天太阳三起三落，山峰千姿百态，自然的奇观高潮迭起，吸引了世界各地的游人。

老君山新主片区有“横断山天然植物园”的美誉，这里是东巴文化生态保护较完整的地区，历史上出现过很多有成就的大东巴。这里民风淳朴，与山外的繁华世界远隔，民族文化原生态地自然生息繁育，是研究地方文化最鲜活的范本。

《保护世界文化与自然遗产公约》明文规定，自然遗产必须具备突出而有普遍价值的地质、生物结构或结构群所组成的自然面貌，其美学价值和科学价值必须具有典型性和独特性。从任何一个角度看，作

为三江并流核心区域的老君山景区都有卓越的价值，老君山终于成为了世界遗产清单上名副其实的重要成员。

6. 三江并流叹奇观

三江并流指发源于青藏高原的怒江、金沙江（长江上游）和澜沧江（湄公河上游）在中国云南省境内穿过横断山脉高大山岭和幽深峡谷，并行奔流数百公里而不交汇的自然奇观。2003 年被列入世界自然遗产清单，是中国境内面积最大的世界遗产地。

三江并流位于滇西北青藏高原南延的横断山脉纵谷地区，包括怒江州、迪庆州、丽江地区、大理州的部分地区。区域面积达 4.1 万平方公里，地处东亚、南亚和青藏高原三大地理区域的交汇处，是世界上罕见的高山地貌及其演化的代表地区，也是世界上生物物种最丰富的地区之一。16 个民族的居民聚居这个地区，是世界上罕见的多民族文化并行发展的地区。

“三江并流”典型的地貌景观有高山峡谷组成的“三江并流”奇观、冰川遗迹及现代冰川地貌、高山丹霞地貌、花岗岩峰丛地貌、高

三江并流　（潘宏义摄）

山喀斯特地貌及高原、雪山、草甸、高山冰蚀湖泊群，等等。

这里有看不完的雪山，早在元代就有诗人李京作《雪山歌》赞叹道：“丽江雪山天下绝，堆琼积玉几千叠。足盘厚地背擎天，衡华真成两丘坻。”这些雪山横看成岭侧成峰，阴阳昏晓各不同，无比美色纷至沓来，美不胜收。明代丽江土司木公有《雪山》诗云：“郡北无双岳，滇南第一峰，四时光皎洁，万古势巃嵸。绝顶星河转，危巅日月通。寒威千里外，玉立雪山崇。”其中闻名遐迩的梅里雪山卡瓦博格峰海拔6740米，玉龙雪山主峰扇子陡，海拔5596米，终年白雪皑皑，直插蓝天，令游人叹为观止。

这里有数不清的峡谷，著名的虎跳峡就坐落其间。金沙江水汹涌而来，飞流直下，撞击着江心的虎跳石溅起朵朵浪花，发出震天的巨响，身临其境定会让懦弱的人魂飞魄散，令达观的人豪情倍增。现代纳西族女作家赵银棠曾经赋诗一首《观虎跳峡金江瀑流》云：“深谷悬岩峭壁穿，雾迷雪冻山连山。高歌长啸奔前去，万里海天万里澜。”三江子弟的胸怀由此可略见一斑。

这里有奇特的喀斯特地形、丹霞地貌，黎明风光天下绝。除了在这儿，你还能在别的什么地方看到一天三次太阳升起吗？在这儿，这可不是神话。

这里有没有污染的高原湖泊，大珠小珠落玉盘的九十九龙潭如天上的珍珠洒落人间，怎不令饱受水污染之苦的大城市人为之惊叹，为之倾倒？

这里有离赤道最近的冰川群，堪称地质奇观；这里有垂直气候分布带，一山分四季，物产迥异；这里有茂密的森林，其间奇花异草，珍禽异兽，稀世罕见；这里有充沛的水资源，蕴含着不可估量的能量……

自然条件的得天独厚使“三江并流”地区成为了“世界生物基因

库”，占国土面积的比例不到0.4%，却拥有我国20%以上的高等植物和全国25%的动物种数。“三江并流”地区是世界上蕴藏最丰富的地质地貌博物馆。这片区域的面纱在20世纪初被西方探险家不经意间揭开，1913年4月到翌年3月，英国植物学家和地理学家金敦·沃德(F. Kingdon Ward)横穿三江流域进行地理和文化考察，最早测量了三江间的距离，成为最早发现这一世界地理奇观的外国人。可是，在19世纪末期，已经有西方传教士踏上这片土地，在多民族人民中传播西方文明，他们应该是最早落脚在这块神秘天堂的有缘人。

位于三江并流核心区域的丽江老君山景区是三江并流景观的主体部分之一。

7. 黑龙潭

沿丽江古城北行一里许，可见象山席地而坐，山脚浓荫密布，玉河水如碧玉平卧，跳跃弹拨，穿越一片柳林后，沿着高踞黑龙潭潭口的飞瀑横跨而上，脚踏锁翠桥，融汇于一湖碧波。站在锁翠桥上，迎面是玉龙雪山倒影浮现于波光之下，如潜龙卧底沉翔，玉带桥随着节拍起舞，人间仙境两呼应，妙不可言。黑龙潭原名龙王庙，是丽江古城水源地，周边居民长年供奉祭祀，求玉水不断，泽福四方。久而久之，黑龙潭成为丽江人最喜欢玩赏的公园。

黑龙潭为象山涌泉汇集而成的一个小湖，在参天古木之间，无数泉眼如珍珠蹦跳，水质晶莹甘洌，湖水周边满是奇花异木。数十年来，人们在原有建筑龙神祠的基础上将大量明清建筑搬迁于此，合理布局，形成了黑龙潭明清建筑群。龙神祠建于1737年，是本地人祭龙王求雨的地方，每逢农历三月，人们在这里歌舞野炊赶庙会，热闹数天不散。为了求得人神同乐，在龙神祠正对面建了一座戏台，演出时人山人海，盛况空前。五凤楼原为芝山福国寺的藏经楼，建造于明朝万历年间(1573—1620年)，楼体高20米，为三重檐攒尖顶木结构，底层为正

黑龙潭　（王商林摄）

方形，分四面出檐，一二层八角飞檐，第三层四角飞檐，无论你从哪个角度去看，都可以见到五个飞檐如五只凤凰腾飞，五凤楼因此得名。楼身高大威严，由 32 根主柱支撑，体现出强烈的飞动感，既有藏传佛教寺院的特征，又使用了飞檐斗拱的汉地建筑手法，使远道而来的徐霞客一见之下大为倾倒，赞叹不已，徘徊数日而不思归。原来伫立在北岳庙的三朵塑像也被搬迁到五凤楼前，供人们景仰崇拜。黑龙潭大门的门楼原是丽江文庙的文坊，丽江早兴汉学，崇尚文化，文坊是历史的见证。“解脱林”门楼建于明朝，原址在芝山之上，原意为“僧人聚居，寺院如林”，描绘的是当年崇尚宗教的盛况，连木氏土司也喜欢在此修身养性、吟诗作画，解脱了凡世的众多苦恼。分割小湖成南北

两片的景观由玉带桥（俗称五孔桥）和得月楼构成，历史上丽江上层人士多与内地来往，见到江南园林的万千风情，爱不释手，就把最中意的建筑做成模型带回丽江，照样仿照，这就是得月楼的来历。得月楼如仙人凌波而立，月明之夜立于楼上，澄明世界唯我独有，意境最佳。

如今的黑龙潭景色尤佳，晨光初现，早起的人们已经在山间攀登吼歌，男女老少随之漫步前来，或练功，或吟诵，或打跳，引来游客痴迷观赏。每逢节日，到黑龙潭一游仍是当地人少不了的项目，一时间万头攒动，彩衣飞旋，万人空巷，蔚为壮观。

8. 玉水寨

在玉龙雪山脚踝处蔓延开一片远古冰川的冲积扇形成的高坡地，这里背靠雪山森林，是古代人们祭祀“署”神（大自然化身）的圣地，因为这里有数不清的飞瀑山泉，俗称玉水寨。

玉水寨地势独特，凭借山窝积雪融泉，造就了东巴圣地奇观。入口处的守护者为东巴经中陆神与色神的坐骑老虎和牦牛，它们是纳西人家的门神，民间认为此二圣物可以抵挡一切妖魔鬼怪的侵扰，保佑主人家万事吉祥。

一堵巨大石墙映入眼帘，上面写有“哥已本”三个东巴文字，这是玉水寨的本名，意思是“白鹤戏水的地方”，即自由与吉祥之地。远古时期，这里是动物的天堂，也是神话中纳西族始祖相遇、相恋的地方，留下了无数动人的故事。直到今天，人们仍然把这里看作宛若天堂的美好地方。

巍然屹立的一座铜质纪念碑引人注目，它的柱体被蛇类缠绕，碑体上雕刻着东巴经文，上部是神鸟“修曲”的造像，这就是著名的世界记忆遗产纪念碑。2007 年，纳西族东巴古籍文献被列入世界记忆遗产名录，为了纪念这一重大事件，特地建造了这座含义深远的纪念碑。

纪念碑的造型得益于东巴文化带来的灵感，修曲是曾经帮助人类的吉祥神鸟，缠绕碑身的蛇类是“署”神的化身，整座纪念碑体现了人与自然和谐相处的纳西族传统哲学理念，抽象的思想与独特的形象结合得天衣无缝，不愧为匠心独运的杰作。

积雪融泉汇成湖泊，沿着坡势朝下倾泻，形成了三叠水瀑布景观。只见凛冽如玉的清泉汇成小潭跌落于石坎下，如一道玉质大帘垂挂于天地间，热闹嬉戏之后，再勇往直前，奋身跌下又一道高坎，如此三番，构成天地间悬挂三道玉帘的奇观，当地人叫作“神龙三叠水”，形容得名副其实。

整面山坡上，绿草编织如结实地毯，其间开满各色野花，蓝天辽阔，白云飘忽，如梦似幻的游牧时代仿佛在此复活，泉眼星罗棋布，牛羊悠闲漫步，不知今夕何夕。纳西人有诸多神话描绘游牧生活的美丽，即使是远离自然怀抱的现代人，置身于此情此景，也会自然生发出做天地牧人的浪漫想象。

山窝正中，一片古树掩映之下，是玉水寨水源所在地。绿树压顶，光线幽暗，诱发虔诚心意。泉水正前方伫立着金光闪闪的署神，周围散落着石头砌的形似小屋的石窝子，是人们祭祀之后生火做饭的地方，在更遥远的放牧时代，牧人们住在山上，这就是他们的栖身小屋。时代更迁，这一历史遗迹却被保留下来，成为了一道风景。

再往高处，有东巴壁画长廊。长廊讲述东巴经中的6段故事，创世篇描述天地起源和纳西始祖创造世界的丰功伟绩；因果报应篇阐述朴素的因果报应观念，劝人行善弃恶；迁徙定居篇展现纳西族先民从西北南迁、由狩猎游牧到农耕文化的演变历程；战争篇记录了历史上最重要的战争史实，表现了纳西先民的正义观念、和平观念、资源共享观念；爱情篇展现了传说中的殉情圣地荡气回肠缠绵悱恻的爱情传奇和年轻男女向往的理想天国；人与自然篇表现人与自然和谐并存的生活观……流连忘返之后，每一个人的灵魂都受到了深刻的触动与启迪，也获得了奇异的审美享受。

向头顶眺望，玉水缘大殿雄伟壮丽，这里是民族文化的神圣殿堂，供奉着东巴教中最重要的诸位神灵。大殿旁设有祭祀场，是纳西人举行重大祭祀活动的场所，神圣不可侵犯。沿坡下行，有村落古朴奥远，民风淳朴，可以在此欣赏原汁原味的民族风情。

玉湖村　（潘宏义摄）

9. 玉柱擎天

玉柱擎天是丽江先民在改土归流后将丽江首任知府杨馝亲笔题写的字迹镌刻于雪山脚下一处高崖上而形成的名胜古迹。雪山十二景之玉湖倒影就出自这里。

这里长年云雾蒸腾，奇花异木铺盖山崖，气氛神秘奇幻，如入仙境。摩天巨崖下涌出一道好水，环集成湖，更是神秘莫测。此湖叫作玉湖，传说是黑白战争中痴情重义的纳西公主被软禁之地，关于玉湖，有很多缠绵悱恻的故事足以令天下人叹为奇观。

丽江盛行藏传佛教。传说噶玛巴大活佛在玉柱擎天静坐冥思留下法影，至今受到信众崇拜。这里还是古代丽江土司的避暑夏宫所在地，也是权贵们打猎奔马的游乐场所。

20世纪20年代，洛克来到这里，定居玉湖村27年。玉湖村因洛克而成为现代探险家理想中的天堂所在。

10. 万朵山茶

在玉龙雪山南麓，原始森林遮天蔽日，半山密林深处有一座建于1700年的藏传佛教寺院，因背靠玉龙雪山而得名玉峰寺。寺院是当地百姓开春必游的地方，寺院的出名却因为一株山茶和一位守花人的奇缘，写就了一出活生生的当代传奇。

玉峰寺内栽种的“万多山茶”树十分神奇，奇就奇在鸳鸯同树，花开不同。这棵奇树是在红花油茶树上嫁接了狮子头茶，经300年时光打造，形成了同树异花的奇观。此树花期很长，先后多批开放，每年累计开花几万朵，堪称名副其实的山茶王。由于两树合体成一，被人们看作天生连理枝，成为地久天长的爱情的象征。

茶花的守护人是一位喇嘛，终身未娶，全部心血献给这株神木，不离不弃数十年，使茶花历经世事变迁得以安身立命，闻者无不叹服。

11. 文峰寺

文峰寺曾经是滇西北藏传佛教圣地，为十三大寺之最高学府，坐落在翠屏壁立的文笔山山腰处，俯瞰丽江坝子，景色绝美，气象宏丽，蜚声中外。传说在文笔山上藏有佛教名山鸡足山的山门钥匙，所以，各族信众到鸡足山朝拜前，先要到文峰寺举行“借钥匙”仪式，这样才能顺利进入鸡足山。返程时，也必须到文峰寺举行“归还钥匙”仪式，整个朝拜活动才算有始有终。因此，文峰寺名气非凡，香火鼎盛，成为了最著名的佛教圣地，也是多民族文化交流的舞台。

12. 指云寺

指云寺位于丽江拉市坝子，始建于雍正年间。传说一位叫罗僧的喇嘛想在拉市坝子建寺庙，苦于无法确定地址，就求教于大宝法王。法王朝一座山的方向指了指，断言那是吉祥地方，于是指云寺就落脚那里，数百年来香火鼎盛，造福一方。

13. 束河古镇

束河古镇　（潘宏义摄）

最早时候，紧靠白沙的束河曾是纳西文明的发源地。虽然纳西族经济文化中心由白沙迁移到了大研古城，束河在纳西人心中仍然是一个举足轻重的地方。这里有丽江历史上最古老的大石桥，最先成为集市贸易中心的四方街（四方街成了丽江经济的一个传统符号，从束河起，一直沿用到白沙、大研），有最密集的壁画建筑群，有比其他地方更有特色的大村落，有著名的三圣宫龙泉寺，有最漂亮的绕村而行的清泉，有繁荣的皮匠街和声名远播的皮革业及其品牌产品，有最多的文化人与观光客……。今天的束河已经是世人最向往的休闲游览地，它依然是一个村落，却汇聚了传统与现代两种截然不同的风格，丽江古城世界文化遗产有它一席之地，原来，它还是丽江古城的组成部分呢。

14. 泸沽湖

在四川盐源县与云南丽江市宁蒗县接壤处，一个藏在深闺的湖泊让人怦然心动，一尘不染的碧蓝湖水如梦似幻，像一块巨大的蓝宝石

熠熠生辉，加上四周原始森林的环抱簇拥，把人们带进了神话般的世界。这里是纳西族支系摩梭人的故乡，世界上最后一个女儿国王冠上的夜明珠，惊世骇俗的天堂泸沽湖。

泸沽湖　（潘宏义摄）

据历史学家考证，早在3000年前，这里已经出现过发达的文明。20世纪初，来自西方的冒险家洛克曾发出感叹：“整个云南无例外最漂亮的一片水，无法想象比这更美的一个布景。”

泸沽湖被层层叠叠的青山环抱，长期与世隔绝，恍若世外桃源。湖畔的摩梭人男不婚女不嫁，过着无忧无虑的生活，令人羡慕不已。

第五节　欣欣向荣的文化产业

一、纳西古乐

纳西古乐的问世跟文化人宣科直接相关。1978年，经历了21年监狱生涯的宣科回到故乡丽江，在教学工作之余开始在民间文化的海洋里畅游探寻。他的目光很快瞄准了在丽江民间流传了多个世纪的丧葬音乐形式——一种专门在灵前演奏的音乐。

旧时的丽江古城，很难想像一个男人对音乐一窍不通。世上很多男人没有艺术相伴照样活一辈子，但在丽江，他们要立足就有点勉为其难。

一架古筝、一支箫、一把三弦，甚至一片叶子，韵味是不一样的。无声息的人生，有一些东西是浮现不出来，打发不掉的。特别是那些怀才不遇的人物、被时代误解的人，特意藏起他们的大苍凉。但是，通过乐器可以找到他们心底的声音，包括呻吟、挣扎、梦呓、遏制、呐喊……那些东西也许是无力的、脆弱的，但那是一些优秀人物的声音，像一些飞动的灵物，在夜空穿来穿去，翅膀上闪着奇异的光，地上也投下了斑驳的光影。箫里滚动着泪水，像雾一样浸开。

大研古城也好，乡间也好，丽江本身就构成了富于韵味的情调。缓而有节的韵律，淡雅闲适的生活，醇厚的人物关系，水墨画中的写意……纳西人天生会享受生活。进城赶街的农民站在桥头看玉龙雪山的倒影，或者看别人钓鱼。洗衣的妇女用木盆当船教孩子划水。拾煤渣的少年坐在煤堆上吹树叶。一切像天然生成的韵律缓缓流逝，一波三折。

这样的风流蕴藉，非借助琴弦或指尖加以倾诉不可。

纳西男子涉足丝弦，是从道教那里渐渐入门的。洞经音乐是他们最早接触到的天音。很快地，古城周围村落的男子都不自觉地被这种音乐所吸引并投身其中。在乡村，男人侗弄音乐被视为风雅之举并因此会身价倍增，会引得众人神魂颠倒。而在古城，乐器是男子风度的标志，是他品性的见证，也是身份的一种显示。有地位的男子凭他的音乐技巧，更准确地说是凭他热爱音乐的态度证明了自己的高雅，从而受到众人的尊重。实际上他们的确因此显得出类拔萃。在演奏全过程中，一举一动都必须合乎礼制，要从容不迫，文质彬彬。必须学会边演奏边闭目养神而又不显懒散，要保持腰部绷紧、背部笔直，不能

摇晃身体，更不许出错。这一切礼貌、礼仪的自然流露容易使妇女们对他们心生敬仰，反过来让他们对自身的魅力增添信心。适可而止的自我约束（哪怕只是身体上的约束）都可以焕发出某种动人的神采内韵，唤醒潜在的激情。演奏是个人才艺的展示，它会使人与人的关系更融洽、更宽松、更有诗意。

纳西古乐会上弹琵琶的老人　（黄金国摄）

当一个古城男子手中握着二胡或一支箫的时候，他身上往往穿着长袍马褂，显得飘逸修长。如果再配上白发白髯，活脱脱就是月中神仙，有一种说不出的庄严、明亮、纯洁。这种神仙下凡般的感受是听众们苦苦追寻而迟迟不得的东西，也是纳西古乐独创的氛围。听了古乐后，普遍的评价是找到了归属感，仿佛来到了天堂。乐者，药也。安抚、宁静、祥和、超然，如水的收放有致，起伏有韵，散淡无痕，连生死都置之度外了，还有什么不能放下？

古城男子的聚会也保存了古代遗风。他们往往挑一个风景别致的地方，先赏景，然后吟诗作画，操练丝弦，互相讨教，引经据典，个个才情横溢，心中浮动着淡远的诗意。纳西人从不强求，他们习惯于坦然受之，进而回味其无穷妙趣。他们更着意于既得的一切，由有限引出对无限的思考回味。日头西下，热闹了一天的四方街显出了清净，在屋檐下晒了一天太阳的老倌们开始回家。他们背着双手，走走停停，再四下张望一番。音乐的庄严塑造了他们的道德意识，古城的男子是真正意义上的正人君子，很少有人留恋放荡的生活，那会加深做人的羞耻感。

纳西古乐中包含一部本民族的经典，人称《白沙细乐》。这部作品如泣如诉地描绘了一场古代战争，以及在战争中饱受摧折的男女主人公的心灵。演奏这部作品需要饱满的情感和相当的力度，需要对矛盾的领悟和牺牲精神，对生活没有深刻感悟的人根本承受不了它的重压。

在日常生活中，音乐是文人学士自我陶冶不可少的功课。天长日久，除了在民间流传的大量民歌民谣之外，文人音乐被保存下来专门供奉于死者灵前。独具慧眼的宣科拨开迷雾看见了这种音乐的优雅、纯净、甜美、安详。作为一个受过生活的大创伤大考验的知识分子，他懂得这种精神财富对现代人的重要性。于是，借助大研纳西古乐会这个民间组织，宣科把丽江洞经音乐与儒释道雅集型传统音乐曲目加以提炼，正式推向市场，开始打造纳西古乐这一音乐品牌，终于使其发扬光大走向世界。

相关链接

“鬼才”宣科

1978年在当代中国历史上是一个里程碑和转折点，但对纳西族人宣科来说，那是他人生的真正起点。这一年他48岁，结束了21年牢狱生活，刚刚回到故乡丽江。宣科是一个血缘复杂的人。父亲是纳西族；祖母却来自中甸（今香格里拉）藏族贵族——声名显赫的斯威家族；祖父的祖上应该来自安徽宣城；外祖父身上有土耳其血统，是穆斯林；父亲是虔诚的基督徒，也是第一个说英语的纳西人。所以他小时候读的是教会小学，家里的保姆是德国人。他的知识启蒙和艺

术天赋的激发应该归功于教会学堂，那种教育打开了他的视野，加上复杂的血缘和开明的父母所给予他的天然的世界眼光，就像是天将降大任于斯人，早就注定了他在未来充当东西方文化交流使者的角色命运。可是，1978年的他对此毫无预感，幸好“英文是童子功”，总算进学校当了英语教师，这才有了一个正当饭碗。

他一直有一种死里逃生的感觉，恨不得一天掰成几天过。他认为世界上最好的去处之一是旧货堆，尤其是旧书堆。课余时间他到处跑，鹤庆、剑川、喜州、洱源、邓川、德钦，想到了买张车票就走，一到新地方就钻进旧书堆，回来的时候扛着装满旧书的大麻袋。1980年他进入大研纳西古乐会，就是看准了它的价值，他要打造第一流的事业，要让全世界的人都来关注它，喜爱它，那是他的理想。1986年他被选为副会长，原因是大家看出了这个事情只有他来做才有名堂，同时说明了大家也跟他一样希望纳西古乐出名，出大名。

“云南发展文化产业，丽江是排头兵，没有经验可以借鉴。在丽江，古乐会是排头兵，大家都看着，都不知道该怎么搞，我就冒着胆子朝前走，一走就走到了国门外，就是这么回事。”宣科是一个直言不讳的人，敢为天下先，所以被称作鬼才。开始他对此耿耿于怀，季羡林先生就开导他说：“鬼神都是超自然的东西，神是什么？高级鬼嘛！他们两个只是职称不同而已。”宣科豁然开朗，从此步子迈得更欢。

就是这么一个人，带着他的由老头子组成的乐队，闯荡首都，周游国内著名城市，展演讲解纳西古乐。宣科每次讲起自己南北征战的历程总是神采飞扬：“那时候，我和家人走

在街上，只要看见一个熟人，我就会丢开家人上去对人家说：‘来听我们的音乐吧，那是国宝级的东西！’人家很客气地说：‘一定来一定来，下次通知我，我忘性大。’到了下次，人家还是不来。但我不泄气，我还有机会遇到你，一遇到你我就说我说过的话，说了一次再说一次，次次遇到你都说这个话题，次数多了，你听得不好意思了，只好来。来了就好，我不计较你架子大，来了就好，我有传教士的耐心和献身精神，我有的是精力跟你耗，直到胜利为止。那时丽江街头不时会有三三两两的外国人，只要看见他们，我的劲头就更大，我会冲上去跟人家打招呼，我纯正地道的英语使他们非常惊讶，同时也非常有亲和力，我就这么站在街上给人家讲丽江的文化，亲朋好友从身边经过，我都顾不上跟他们寒暄。我最早的听众就是这么争取来的。你要知道日积月累的力量，滴水穿石，细流成河，时间长了，影响慢慢就扩散开来，西方的报刊上就开始时时出现丽江和宣科这两个词语，于是就不断有人来丽江找我，我就在我的三层小楼上悉心接待他们，跟他们聊丽江，聊西方文化，我这方面的积累很丰富，不怕被人考倒。那时候我活得精神头多足啊！我多么努力啊！多么刻苦啊！多么难啊！”

1986年，天津音乐学院学报第四期篇首论文《纳西多声民歌“热美磋”的原始状态》引起了国内外研究领域的巨大反响，这篇由宣科撰写的三万多字的论文之核心论点“音乐起源于恐惧”被列入世界艺术起源理论的重要观点之一。他一鼓作气，又在四川音乐学院学报等权威学术刊物上发表了系列重要论文，引起了学界广泛关注，认可他为音乐民族学家。

宣科先生的亲笔签名书　（潘宏义摄）

就是因为纳西古乐折腾出了大动静，才有了冲出国门的机遇。这一发就不可收，乐队到了十多个国家访问演出。第一次跨出国门，老人们写下了遗书，完全是壮士一去不复返的劲头，不可谓不悲壮。这一走，轰动了欧美，惊动了世界，丽江和纳西古乐变成了两个最常见的名词，宣科也成了中国最传奇的平民英雄之一。

现在的宣科还是每天活跃在舞台上，担任纳西古乐的现场讲解员。1997 年春节，又有两位老乐手辞世，乐队还要上台演出，宣科心里的滋味无法形容。但到了台上他是怎么说的呢？去哭、去忧伤、去悲叹吗？不可能。“我才 67 岁，还是小娃娃——我们刚刚参加了葬礼回来。我们的乐队平均每年逝世两个人。我要很高兴地报告大家，今年的逝世指标已经用完了，他们的相片还来不及挂到墙上，今年没有人再有资格逝世了……”话音未落音乐声起，乐手们用音乐安慰已经辞世的队友，他们是平静的、感恩的，但观众受不了了，他们被打动了，现场一片唏嘘……纳西古乐的崇高形象屹立在了观众面前。

宣科对欧洲古典音乐永远怀着最深厚的感情。为了传播音乐文化，他投资修建了一个音乐厅，花了上千万，图的是在里面讲学。“我们这些在金沙江峡谷生长的人们，第一次在音乐厅里听到了贝多芬、巴赫、肖邦、海顿，知道世界上还有交响乐、咏叹调、奏鸣曲，我们可以用外语在世界的任何一个地方跟人家谈莎士比亚、歌德、托尔斯泰、雪莱、拜伦，这难道不是进步吗?”宣科不仅在丽江讲学，还登上了世界数十所高校的讲坛，这不仅需要勇气，更需要才华与创造力！

如今，宣科又注意到了富民县小水井农民合唱团。“我现在的使命是打造小水井农民合唱团的品牌。我到处为他们呼吁呐喊，还想把他们带到欧洲去巡演。我马上要80岁了，不过，我不说就没有人能看出来，何况海关又没有规定80岁太老不许出国。翻译就不用配备了，我自己来更顺手。到时候请你们关注欧洲各大权威媒体，难说上面会有我的精彩名言四海传诵。”

作为时代之子，作为公民，宣科，你够精彩。

二、丽水金沙

《丽水金沙》是一场由多民族舞蹈汇集成的大型民族歌舞，每天在丽江民族文化交流中心上演，问世10年，名气传遍了世界各地，成为

了丽江文化产业的标志性成果和国际著名的演艺品牌。

2001年，丽江市民族歌舞团面临改革的关键时刻。在政府的大力推动下，歌舞团勇敢迈出了扭转乾坤的一步——与深圳能量实业有限公司联手打造丽江丽水金沙演艺有限公司，歌舞团人员整体公司化，由公司投资进行节目创作、场地改造、舞美灯光布景设计，2002年5月将新排演的大型民族歌舞《丽水金沙》推向市场，一举成功。

云南是我国少数民族最多的省份，文化多样性是它的根本特征。《丽水金沙》抓住了到云南旅游的游客们的心理需求，从云南世居的多个民族中选取了8个民族，提取它们的舞蹈元素加以精心构思与创新，融汇成高潮迭起、扣人心弦的民族文化大餐，观者赞不绝口，到2008年上半年，总收入已达2.2亿元。今天，只要你在上午来到民族文化交流中心的广场上，就会看见游客们排成的长龙从大厅口蜿蜒下行，有时候甚至延续到广场中央。你上前询问，他们会兴奋地告诉你：

“我在买丽水金沙的演出票!”

三、印象丽江

向北出丽江坝子，朝着玉龙雪山的方向飞奔20公里，就到达了雪山脚下的甘海子。这里四周被原始森林环抱，雪山云遮雾绕，道路蜿蜒蛇行，大型实景演出《印象丽江》就在这天地合围的自然环境中展开。以玉龙雪山为天然屏风，千山万壑起伏的曲线为布景，一道巨大的红石墙象征着浑朴原始生动的自然，丽江多民族的生活画卷依序展演，扣人心弦，让天下游人大快朵颐。数年前，张艺谋创作团队被丽江的山水人文深深震撼，为了把这块土地独特的美丽奉献给世人，《印象丽江》的创意在紧锣密鼓中进行。几百个来自大山和田野的农民充当了舞台上的主角；奔驰的骏马，神奇的民俗，浪漫的草甸，自在的人民，云南多民族文化的传奇之美细节化地尽显神话意境，一幅幅生动自然的风俗画在天地间铺开、流泻，震撼了现代世界。

印象丽江 （潘宏义摄）

《印象丽江》大型实景演出取材于三项世界遗产所在地——云南丽江的历史文化与大众生活元素，并调动声音、色彩、灯光、造型等各种艺术手段营造丽江地域文化生活的生动场景与氛围，捕捉这块土地独特的神韵，寻求诗意的品位与灵魂的洗涤，使现代人获得返璞归真、与自然合为一体的审美体验与灵魂的升华。实景演出的现场感和水乳交融的身临其境感将带来前所未有的冲击与震撼，感受刻骨铭心。

大型实景演出是现代艺术重要的形式，它凭借自然风光加上匠心独运的天才设计，搭建天然的“摄影棚”，让故事、人物、场景当场展演；观众置身现场，与演示空间水乳交融，仿佛化身为角色参与到所发生的情节与场景中，获得了前所未有的冲击与震撼，成为生命中永远不能忘怀的体验与感受。《印象丽江》直接把现场设计在玉龙雪山的怀抱里，加上四周的高山草甸、缭绕的白云和清冽的飞瀑，一下子就把观众带到了雪域高原天人合一的纯美背景中，身心解放，精神愉悦。

该作品采用了希腊罗马时代的环形剧场设计，追求古朴大气的艺术表现风格，红色巨大悬崖和山洞创造了巨大的神秘感与惊异的效果，艺术魅力让人无法抗拒。

作为体验旅游的高级手段，实景演出给游客带来了巨大的精神享受，对自然资资源优势和文化资源优势的要求极高，《印象丽江》一炮而红，问世以来深受游客欢迎。

《印象丽江》，肯定要表现丽江，写意丽江。丽江的山水，丽江的人民，丽江的生活、丽江的神韵、丽江的美、丽江的情、丽江的诗意以及丽江在现代文明背景下的意义，是作品努力寻求并企图引发观众去思考与寻觅的东西。

四、国际东巴文化艺术节

也许文化的命运也像一个人的命运一样，会有大起大落甚至几起几落。有理想、有作为的人面对造化弄人，总能够沉得住气，因为他知道自己的价值，他也明白是金子总会发光的道理，因而不会随便自暴自弃，就更别提怨天尤人了；当他春风得意时也不会顾盼自雄，不可一世，如果是那样他显然还不成其为一个成熟而有足够教养的人。东巴文化的命运有点像前述这样一个人的命运。

在过去的岁月里，东巴们曾经充当过怎样举足轻重的角色，东巴文化曾经对纳西族社会产生过何等不可替代的作用，东巴艺术对普通纳西人的人生起到了几多潜移默化的影响，今天的人们只能通过一边观看介绍东巴文化的书籍，一边发挥主观能动性去想象了。自从清朝雍正元年（1723 年）“改土归流”之后，纳西本土东巴文化与外来汉文化之间发生了旷日持久、愈演愈烈的文化冲突，在纳西文化整合的过程中，东巴文化的影响越来越让位于汉文化，在丽江古城东巴大师的影子渐行渐远，取而代之的是深通汉族典籍，也会琴棋书画的新一

代纳西绅士。之后东巴们只能退居山林，庙堂之上已经没有他们的位子了。1957 年以后，东巴宗教活动被禁止，许多东巴经卷被丢弃和焚毁了，东巴们成了牛鬼蛇神，东巴文化成了封建迷信，大型仪式基本消失。

到 20 世纪 80 年代，随着党的民族、宗教政策的恢复和贯彻和落实东巴仪式开始逐渐复兴。有识之士提出“东巴文化是纳西文化精髓”的论点，之后东巴文化越来越受到人们的关注，研究的领域不断扩大，研究的角度与方法不断出新，东巴文化研究一时成为“显学”，我们一方面可以看到高精深的论著，另一方面也可以看到铺天盖地的东巴文字招牌以及跟东巴攀上关系的旅游纪念品，而事实上我们看到，真正的东巴大师快要消失殆尽了。

国际东巴文化节的举办是多种因素共同作用的结果。首先，东巴文化研究已形成一定气候，它呼唤着风云际会的来临；其次，一个地方经济发展的思路应因地制宜，丽江发展旅游业不能只依靠奇异的自然风光，纳西族东巴文化有着独特的魅力，为什么不可以搞特色文化旅游？再次，1986 年 4 月 27 日自昆明成立纳西文化学会以来，东巴文化的研究与宣传已上升到更高平台，加上 1997 年 11 月 28 日在北京成立北京东巴文化艺术发展促进会，东巴文化的神奇魅力更加引人瞩目。到了昆明 1999 年世博会的召开，丽江举办国际东巴文化艺术节已经是大势所趋，终于在 1999 年 10 月 24—28 日水到渠成地举办了首届“中国丽江国际东巴文化艺术节”，之后出版了《金声玉振探东巴——丽江首届国际东巴艺术节学术研讨会论文集》。2003 年 9 月 25—27 日在丽江举办了第二届国际东巴文化艺术节。“中国丽江国际东巴文化艺术节”的举办是东巴文化发展史上的一件盛事，也是丽江旅游业发展过程中的一次大手笔，它在丽江经济文化的蓝图上留下了浓墨重彩的印记。

第六节　世界遗产

一、申报三项世界遗产

今天的丽江人在与外人闲谈时，常常会骄傲地说一句“三项世界遗产在丽江”，指的就是丽江古城世界文化遗产、三江并流世界自然遗产及东巴古籍世界记忆遗产。

遗产实际上隐含着一种悲凉的意味。当某一件事物成为遗产之时，就仿佛让人看到它的主人把一生心愿、一腔热血凝结在某件他所钟爱的事物上，临终之际恋恋不舍托付于人……因此，遗产在真正意义上是沉重的，后人接在手里应该是沉甸甸的，遗产的意义主要不在遗产本身完好无损，而在遗产所表征的“遗志”能够代代相传，历久弥新。

具有世界突出意义和普遍价值的文化和自然遗产，是全人类共同的宝贵财富。1972 年 12 月 16 日，联合国教科文组织第十七届会议在巴黎通过了《保护世界文化和自然遗产公约》，为保护遗产制定了全球范围内的行动指南。1976 年，该组织成立政府间合作机构——世界遗产委员会。世界遗产委员会每年举行一次世界遗产大会，审批《世界遗产名录》的新申报项目。

丽江古城申报世界文化遗产说来话长，亲自带领人民建造这一历史里程碑的原丽江地区行署专员和段琪事后曾写有专文《那不勒斯的回忆》，详细叙述了申报表决前的情形。其实丽江古城申报世界文化遗产自 1994 年 10 月云南省省长和志强在滇西北旅游规划会议上正式提出丽江古城申报世界文化遗产，截止到 1997 年 12 月 4 日在意大利那不勒斯召开的第 21 届世界遗产大会上最终通过投票表决，历时 4 年，其间虽然经历了七级强烈地震，丽江古城和文化保护单位损失惨重，

纳西古城　（潘宏义摄）

然而经过上下一心的不懈努力，申报工作最终圆满完成，丽江的发展也有了腾举之势和新的起跳点。2002年3月，东巴古籍入选中国档案文献遗产名录（全国计48项），并向联合国教科文组织正式申报记忆遗产。2003年8月30日，联合国教科文组织在波兰召开会议，通过东巴古籍列为《世界记忆名录》（共通过23项，其中东巴古籍为中国唯一一项）。

2003年7月3日，第二十七届世界遗产大会在巴黎召开，在中国政府申报的我国广东开平碉楼、福建土楼、河南安阳殷墟、澳门历史建筑等文化遗产和自然遗产项目中，云南滇西北三江并流被列入“世界自然遗产名录”。

伴随着“三项世界遗产”申报成功，“三遗在丽江”的舆论效应将丽江再次推向全球视线的焦点。盛名之下，丽江人任重而道远……

三项遗产的申报是深谋远虑的战略决策，也是环环相扣的系统工程。1994年以来，丽江的历任领导和各级干部群众齐心协力拉开了申报世界遗产的接力赛，用心打造世界精品旅游城市品牌。正是三项遗产的申报成功为丽江奠定了旅游业持续发展的坚实基础，使丽江越来越吸引世人的目光。更为重要的是，在申报三项遗产的过程中，丽江人民越来越深刻地认识到了丽江文化积淀的精深与宝贵，从而积极投

身于保护并发扬民族文化的事业中，推动丽江文化事业与文化产业的发展，促进丽江经济社会发展的步伐走得更加稳健、雄壮。

回首刚刚走过的历程，我们不得不说，申报三项世界遗产是丽江改革开放和经济社会发展的关键点上最精彩的点石成金之笔，是划时代的大手笔，是丽江在现代化进程中为人类创造的最卓越的发展思路。

二、三项世界遗产

1. 丽江古城世界文化遗产

从元末到清初，丽江坝子中央的狮子山下逐渐形成了一座远近闻名的小镇，其形状酷似大砚台，因此得了大研之名，这就是今天的丽江古城。丽江古城是中国少有的一个将汉族传统文化和少数民族文化水乳交融为一体的古城，是自明代以来丽江纳西族文化开始实行文化双轨制的有灵魂的物质见证。丽江古城原来是个村落，当地语的意思是“做生意的地方”，商业贸易的繁荣使古城的规模越来越大，变成了滇西北最有影响的集镇。这是中国历史文化名城中唯一一座没有城墙的古城，占地面积 3.8 平方公里，居民 6000 余户，居民主要是纳西族。古城的建筑布局完全顺应地形随心所欲设置，玉河水在城口分为三条支流入城，五花石铺盖街面，每天收市后开闸放清泉洗街，雨季不泥泞，旱季不起尘，造就了家家流泉、户户垂杨的高原姑苏景观。在密如蛛网的水系之上，建有桥梁 354 座，山城之貌、水城之韵，使古城成为最适合人居住的优雅闲适家园。1986 年，丽江古城列入国家历史文化名城。作为古城组成部分的白沙民居建筑群位于大研古城北坝子，在宋元时期，它曾经是丽江政治经济文化的中心。白沙民居建筑群沿南北走向的主轴分布，从中心广场沿四条巷道发散开来，同样是清泉绕街，民风淳朴，其建筑风格的形成和发展奠定了后来丽江大研古城的建筑模式的基本风格。同为古城组成部分的束河民居建筑群

位于丽江古城西北4公里处，山水幽美，屋舍起落有致，村头“九鼎龙潭”涌出的浩浩清泉绕村穿流，青龙河从束河村中央穿过，青龙桥横跨其上。村落中心是一个四方形广场，形似丽江古城四方街，同样可以引水洗街。

古城水车　（潘宏义摄）

丽江古城在漫长的历史进程中，作为茶马古道上重要的商品集散地，承载着以纳西族为主的多民族活文化丰富精彩的形式，它吸收了汉、藏、白等民族的居住文化优点，充分体现了纳西民族对自然的独特理解和运用自然创造生活意义的高超技巧，其历史价值、文化价值、审美价值越来越引起世人的重视，终于在1997年12月4日被列入世界文化遗产名录。

2. 三江并流世界自然遗产

2003年7月3日，第二十七届世界遗产大会在巴黎召开，云南滇西北三江并流被列入“世界自然遗产名录”。至此，原本鲜为人知的三江大地名声大噪，之后成为“大香格里拉”旅游圈中的一道亮丽风景线而闻名于世。（三江并流的详细介绍详见本书“三江并流叹奇观。”）

3. 东巴古籍世界记忆遗产

2003月8月28～30日，波兰格但斯克，来自各国的世界记忆遗产申报文案厚重精美，耀人眼目地呈现在评审委员会面前。然而，最后

的结果出人意料，纳西族东巴古籍文献成为中国唯一入选的项目被列入世界记忆遗产名录。

古老神秘的东巴古籍文献 （潘宏义摄）

东巴古籍是古代纳西族东巴教祭司在各种仪式中使用的宗教典籍，现存有2万余卷1000多种，记载古籍的文字是图画象形文字，有2000多个字符，俗称东巴文。东巴文化是纳西族先民创造的历史文化遗产，以东巴经文、东巴仪式、东巴乐舞、东巴民俗为载体，反映了纳西古老先民社会生活的方方面面，其中的东巴经书更是不可多得的人类宝贵遗产，经众多学者持续努力，对东巴经书进行了长期、认真、全面的整理和翻译，东巴古籍文献全译100卷才得以郑重出版问世，东巴文化这颗罕见明珠终于在世人面前揭开了神秘面纱。

三、创造世界遗产保护丽江模式

2008年10月，丽江被我国政府列入“全国改革开放18个典型地区”之一，“丽江旅游发展模式”已经成为国际国内旅游界重点研究关注的对象。众所周知，丽江旅游业的飞速发展是以“三大世界遗产”（丽江古城世界文化遗产、三江并流世界自然遗产、东巴古籍世界记忆遗产）为依托的，创建世界遗产保护模式是“丽江旅游发展模式”的核心议题，是问题的关键所在。

丽江古城是一个活着的、动态的生命之城，也是近年来蜚声海内外的旅游景点，但是却没有一种可以照抄照搬的经营管理模式可供借鉴。在一次专访中，丽江古城区保护管理局局长和仕勇说道：“世界遗产是人类最初的美好回忆。”他的话语道破了丽江人民的文化自觉意识和对文化财富的深切忧患。

本着“保护为主、抢救第一、合理利用、加强管理”的遗产保护管理原则，2002 年，丽江开始制定古城保护管理相关条例及相应的一些规划。2006 年，总体保护规划已委托上海同济大学基本编制完成。丽江在全国率先针对文化遗产制定了一个庞大的管理体系，其中包括《世界文化遗产丽江古城管理条例》等相关法律条例，使古城保护做到有法可依。组建了古城管理委员会，做到依法办事，执法必严。世界文化遗产的保护管理不是某几个人的事情，也不是某一个部门的事情，它是全人类共同的事业。丽江人渐渐形成了“古城是我家，保护靠大家”的思想观念，从一举一动、一言一行中体现了主人翁意识，显现了遗产地居民的文化身份与文化保护的责任意识。

对世界遗产保护丽江模式的表述，我们可以说它是“保护中开发，开发中保护”，也可以说它是“遗产保护与旅游互动共赢”。政府高度重视，从宏观层面制定科学、合理的总体规划，制定相宜法规；各相关部门积极配合，通力合作，在具体专业技术层面发挥专长，提高业务能力与服务水平；古城居民及经商户遵纪守法，广泛参与古城维护活动；来丽江的游客耳濡目染，注意自己的行为，避免对古城的破坏。

丽江特有的生活画面比比皆是，目的是引领先进文化的方向。古城维护与管理资金“取之于游客，服务于游客”，这是一项正确的、可持续发展的政策措施，在精心的建设和维护下，古城内一年四季花木长春，清水长流，歌舞不断，节目纷呈，治安状况良好，街道整洁美观，各保护民居得到了精心维护……这些让游客不仅感受到古城的魅力，同时也为自己实际参与了古城保护而心生自豪。

管理的精髓是没有“管理”，法令法规融入日常生活而不自知；保护的真谛是“用心”，教条口号烟消云散而古城魅力长存，这就是真正意义上的世界遗产保护之丽江模式。

第七节　走向未来

走向未来　（潘宏义摄）

纳西族人的母土丽江是一片令人惊讶的土地，作为地理意义上的小地方，它受到的青睐不亚于那些扬名世界的大中城市，这已经是生命的奇迹了。这里的居民像超级魔法师，即使遭遇到大地震等灾难，也能从废墟中勇敢地站起重整山河，在崇尚自然与亲和的民族精神的指引下，凭着无边的爱与精髓的思想泼墨挥毫，描绘出我们的想象力能够企及的最美蓝图。丽江已经在走向世界级精品城市的旅途中迈出了很大的步伐。接下来，它要成为大西南桥头堡的窗口，这一自我命名充满了自信与自我激励的强大张力，“窗口”二字，空间虽然有限，却能够洞见精华与幻彩，画龙点睛彪炳理想与现实的最高水准。有人戏称它是“祖国的后花园”，这其中足以体现人们对它充分的溢美与期冀，人们希望丽江为世人保留一个怀抱、一片净土、一个梦想家园，我们不能拒绝这份美意。我们清醒地懂得，一切的前提是建设好丽江，经营好丽江这块多民族人民的共同母土，盛名之下的丽江还有写意的大空间，丽江当然会成为一个幸福的大花园，但不仅仅具备后花园的浪漫小夜曲般的意境与氛围，更具有现代社会弄潮儿穿插迂回于风口浪尖的惊险卓绝与壮美崇高的姿态写意。

跃出丽江的视野，放眼全国，纳西民族的发展变迁日新月异，纳西人在忘我的奋斗中成长，在激情的旋涡里腾越，凭着超常的敏锐捕捉方向。相信明天的纳西族必将爆发出无限的能量，书写新的历史奇迹！就像那脊梁般挺立的玉龙雪山，永远无保留地敞开胸怀，让今天和未来的人们在他的胸膛上放飞无穷尽的梦想荣光……

参考文献

［1］郭大烈，和志武．纳西族史．成都：四川人民出版社，1994．

［2］纳麒，李世碧．丽江之路．北京：红旗出版社，2009．

［3］丽江地区民族志．昆明：云南民族出版社，2001．

［4］李国文．东巴文化词典．昆明：云南教育出版社，1997．

［5］中国文化词典．上海：上海社会科学出版社，1987．

［6］丽江府志略．1991 年内部印刷

［7］朱桂香，何守伦，潘宏义．丽江导游解说．昆明：云南民族出版社 2011．

［8］蔡晓龄．季节的舞蹈．北京：民族出版社，2002．

［9］郭大烈．纳西族文化大观（云南民族文化大观丛书）．昆明：云南民族出版社，1999．

［10］郭大烈，和志武．纳西族史．成都：四川民族出版社，1994．

［11］丽江市人口与计划生育委员会．丽江市人口与计划生育志．昆明：云南出版集团公司，云南美术出版社，2011．

［12］林耀华．民族学通论．北京：中央民族大学出版社，1997．

［13］郑杭生．民族社会学概论．北京：中国人民大学出版社，2005．

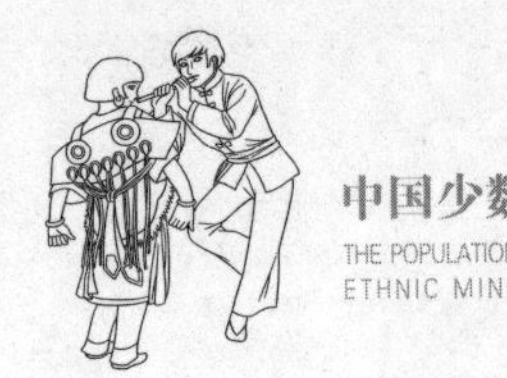

[14] 杨福泉. 多元文化与纳西社会. 昆明：云南人民出版社，1998.

[15] 白庚胜. 纳西族风俗志. 北京：中央民族大学出版社，2001.

[16] 习煜华，丁立平. 纳西族社会与婚姻形态. 昆明：云南出版集团公司，云南人民出版社，2008.

[17] 王君正. 区域旅游创新. 昆明：云南出版集团公司，云南人民出版社，2010.

[18] 和春云. 动感丽江——纳西族体育文化解读. 呼和浩特：远方出版社，2005.

[19] 杨世瑜. 横空出世——三江并流地质奇观. 昆明：云南民族出版社，2003.

[20]《纳西族简史》编写组，《纳西族简史》修订本编写组. 纳西族简史. 北京：民族出版社，2008.

[21] 郑卫东. 文明交往视角下纳西族文化的发展. 昆明：云南民族出版社，2011.